마음공부 첫걸음

| 유식 입문 |
마음공부 첫걸음

초판 1쇄 발행 | 2011년 10월 10일   초판 2쇄 발행 | 2013년 7월 12일

글 | 김명우
펴낸이 | 윤재승

주간 | 사기순   디자인 | Min디자인

펴낸곳 | 민족사 출판등록 제1-149호(1980.05.09)
주소 | 서울시 종로구 수송동 58번지 두산위브파빌리온 1131호
전화 | 02)732-2403~4   팩스 | 02)739-7565
홈페이지 | www.minjoksa.org   이메일 | minjoksabook@naver.com

ⓒ 김명우, 2011

ISBN 978-89-7009-898-2   03220

※ 책값은 뒤표지에 있습니다. 잘못된 책은 바꿔 드립니다.
※ 저작권법에 의하여 보호를 받는 저작물이므로
  무단으로 복사, 전재하거나 변형하여 사용할 수 없습니다.

마음공부 첫걸음

— 유식 입문 —
글 김명우

민족사

들어가는 말

이 글을 시작하기에 앞서, 먼저 한 가지 질문을 하고자 합니다. 과연 '마음'은 있는 것일까요, 없는 것일까요? 만약 있다고 하면 마음은 과연 어디에 있을까요?

사람들에게 마음은 있는지, 없는지를 물으면 대부분의 사람들, 특히 불자들은 '있다'고 대답합니다. 그래서 제가 '그럼 마음은 어디에 있을까요?' 하고 물으면 손가락으로 머리, 즉 '뇌'를 가리킵니다. 그런데 그 사람에게 제가 '신경계를 연구하는 과학자들은 뇌세포에 대한 연구를 통해 뇌에는 마음이 없다고 합니다.'라고 하면 잠시 망설이다가 슬쩍 '심장'을 가리키기도 합니다. 그래서 제가 또 다시 그 사람에게 '심장을 연구하는 내과 전문의들에 의하면 거기에도 마음은 없다고 합니다.'라고 하면 대부분의 사람들은 말문을 닫아버립니다.

그런데 다시 '그럼 마음은 없나요?' 하고 물으면 '아니요'라고 대답합니다. 그리고 다시 '그럼 마음은 어디에 있나요?' 하고 물으면, '있기는 하지만 형체가 없습니다.'라고 대답합니다. 그렇습니다. 마음은 물질이 아니기 때문에 특별한 공간을 가진 것은 아닙니다. 그럼에도 마음은 분명히 존재합니다. 그런데 제가 다시 '그러면 마음은 어떻게 [어디에] 존재할까요?' 하고 물으면 역시 당황스러워 합니다. 그래서 질문을 바꿔 '부처님께서는 우리들의 마음이 어떻게 존재한다고 했을까요?' 하면 크게 당황하지는 않지만, 역시 고개를 갸우뚱거립니다.

그래서 제가 부처님께서도 '마음은 있다'고 하십니다. 그러나 부처님께서는 '마음이 있기는 하지만 내가 가지고 있지는 않다.'라고 합니다. 그러면 어느 분이 '있기는 하지만 가지고 있지는 않다.'는 말이 무슨 뜻입니까? 라고 묻습니다. 이렇게 물을 때 필자는 다음과 같이 대답합니다. '부처님께서는 우리들에게 마음처럼〔마음은 있기는 있지만, 내 자신이 가지고 있지 않는 것처럼〕, 세상에 존재하는 모든 것에 집착하지 않으면 행복해질 수 있다고 합니다. 이것을 조금 어려운 말로 비아(非我)라고 합니다.' 즉 부처님께서는 마음은 존재하지만 내가 가지고 있지 않다는 것입니다. 그리고 부처님께서는 이 '마음처럼' 세상을 살아야 행복해 질 수 있다고 하는 것입니다.

그러면 과연 우리들도 부처님의 가르침대로 세상을 이 '마음처럼' 살 수 있을까요? 게다가 '마음처럼' 세상을 살면 행복해 질 수 있는 것일까요? 여러분들은 어떻게 생각합니까?

그동안 수많은 불교도들이 부처님의 가르침인 '마음처럼' 살기 위해 부단히 이 마음을 탐구해 왔습니다. 그리고 이런 마음에 대한 부처님의 가르침을 집중적으로 탐구한 사람들이 있었습니다. 그들을 우리들은 '유가행파' 또는 '유식학파'라고 부릅니다.

대승불교의 2대 학파 중의 하나이자 인도의 요가수행자들이 창시한 유식학파의 가르침〔주장〕을 한마디로 하면 '유식무경(唯識無境)'입니다. 유식무경이란 오직〔唯〕 마음

〔識〕만이 존재하고 대상〔境〕은 존재하지 않는다〔無〕는 것입니다. 그리고 유식학파의 완성자인 세친보살(400-480)은 그 마음〔識〕을 안식·이식·비식·설식·신식·의식·말나식·아뢰야식의 여덟 가지로 나누고, 마음과 항상 함께 작용하는 심소〔마음의 작용〕를 51가지로 세분하였습니다.

여기서는 부처님의 가르침을 바탕으로, 유식의 완성자인 세친보살이 수행을 통해 발견한 심층의 마음, 즉 말나식과 아뢰야식 및 의식, 그리고 51가지 마음의 작용〔심소〕에 대해 자세하게 설명할 것입니다.

특히 세친보살이 수행을 통해 직접 체험한 내용을 언어〔말〕로 풀이한 심소(心所)를 중점적으로 다룰 생각입니다. 심소에 대해서는 필자 나름대로 일상생활과 관련시켜 해설을 덧붙였기 때문에 독자 여러분들도 쉽게 이해할 수 있으리라 생각합니다.

그리고 위빠사나나 참선을 하고 있는 독자라면 이 책을 읽으면서 마음의 작용〔심소〕을 하나하나 점검해 보시기를 권합니다. 수행 중에 일어나는 모든 마음의 작용들을 알 수 있는 계기가 될 것입니다.

끝으로 이 책이 마음과 유식에 관심 있는 분들에게 조금이나마 도움이 되기를 부처님께 기원합니다.

   그리고 강동균 선생님, 친구 대현과 복철, 후배 재근과 자상, 민족사 윤재승 대표님과 관계자분들에게도 감사드립니다.

을숙도의 갈대가 사라지는 모습을 안타까워하면서

허암 김명우 합장

| 차례 |

들어가는 말 · 5

1장 마음을 찾아서

1_ 마음공부 첫걸음 · 14
2_ 부처님의 가르침은 마음공부가 전부 · 33
3_ 유식사상을 만든 성현들 · 43
4_ 오직 마음뿐, 바깥 사물은 존재하지 않는다 · 58

2장 당신의 마음은 몇 개인가요?

1_ 마음을 바꾸는 진리 · 68
2_ 심층의 마음, 아뢰야식 · 74
3_ 나 자신만을 사랑하는 마음, 말나식 · 89
4_ 표층의 마음, 의식 · 99

3장 마음의 작용은 왜 그렇게 많나요?

1_ 마음에 소유된 것, 심소 · 110
2_ 두루 작용하는 5개의 심소, 오변행 · 113
3_ 별도의 대상에 작용하는 심소, 별경 · 122
4_ 선한 마음의 작용 · 131
5_ 번뇌의 심소 · 144
6_ 부수적으로 작용하는 번뇌의 심소 · 161
7_ 부정의 심소 · 185

4장 마음은 어떤 상태로 존재할까요?

1_ 마음의 존재양태, 삼성설 · 192
2_ 변계소집성 · 193
3_ 의타기성 · 196
4_ 원성실성 · 198

5장 유식의 수행은 5단계다

1_ 수행은 헤아릴 수 없는 시간이 필요하다 · 206
2_ 깨달음은 5단계의 수행이 필요하다 · 210

나오는 말 · 221

일러두기

1. 필자의 글인 『유식삼십송과 유식불교』(예문서원), 『유식불교, 유식이십론을 읽다』(공역, 예문서원), 『범어로 반야심경을 해설하다』(민족사), 『왕초보 반야심경 박사 되다』(민족사)에서 인용한 것은 구체적으로 밝히지 않았다.

2. 부호 〔 〕와 〈 〉는 대체어나 설명을 부가한 것이다.

3. 산스크리트어는 한국인이 발음하기 편한대로 표기했다. 예를 들면 'vas'를 '바스'로 표기했다.

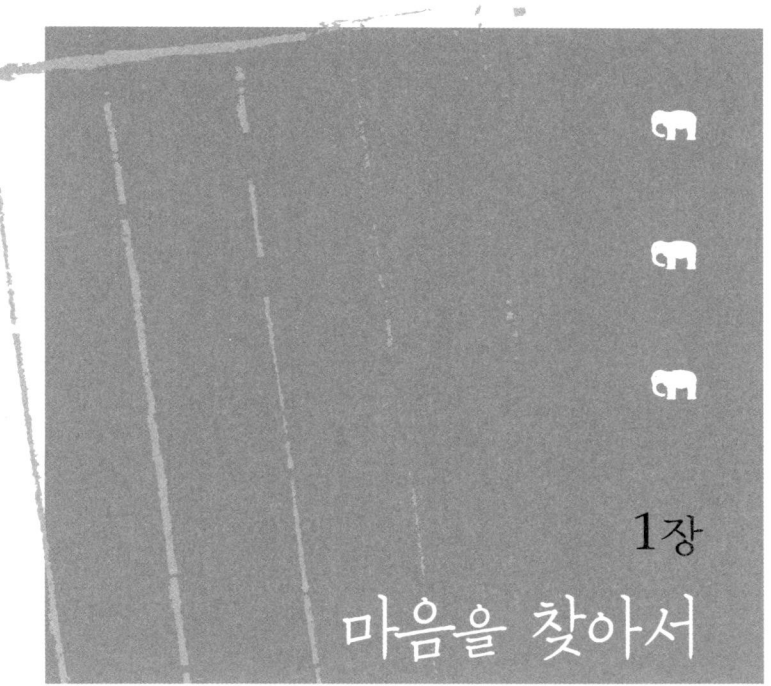

1장
마음을 찾아서

1 마음공부 첫걸음

불교 내부에서 마음을 그 대상으로 삼아 연구하고 실천하는 분야를 '유식'이라고 합니다. 유식이란 오직 유(唯) 자와 알 식(識) 자로 이루어진 말로, 오직(唯) 마음(識)만 있다는 의미입니다. 다시 말해 오직 마음만을 인정하고 바깥의 대상(境)을 부정(無)하는 입장이라고 할 수 있습니다. 이것을 유식무경(唯識無境)이라고 합니다.

보다 구체적으로 말하면 유식무경이란 세계 내에 존재하는 사물이나 현상 등은 바깥에 실제로 존재하는 것이 아니라 모두 마음이 현현한 것이라는 뜻입니다. 그러면 이러한 유식사상은 과연 어떻게 해서 생겨나게 된 것일까요? 다시 말하면 마음만을 인정하는 유식사상은 어떤 과정을 거쳐 성립하게 된 것일까요?

이러한 유식사상의 성립배경과 흐름에 대해 살펴보기에 앞서 마음에 대한 부처님의 가르침을 먼저 살펴보는 것이 순서일 듯합니다. 왜냐하면 부처님도 마음공부를 불교의 핵심으로 간주하셨기 때문입니다. 그러면 부처님은 왜 마음공부를 그토록 중요하게 생각했을까요? 그리고 중국에서 꽃을 피운 선종에서는 마음공부를 왜 그렇게 중시하였을까요? 다음에 소개하는 몇몇 일화를 통해 그 이유를 대신할까 합니다.

■ 인간 = 마음 + 육체

여러분에게 한 가지 질문을 던지는 것으로 이야기를 시작할까 합니다. 과연 부처님은 우리 중생을 어떻게 이루어진 존재로 보았을까요? 잘 몰라 머뭇거리는 분들도 있지만, 나름대로 불교공부를 한 독자께서는 다소 신경질적인 투로 '오온으로 이루어져 있다고 하셨잖아!' 하고 대답하는 분들도 있을 것입니다. 왜냐하면 불교도라면 모두가 알고 있고, 또 당연한 것을 제가 물었기 때문입니다. 그런데 그 화가 난 마음으로 곰곰이 생각해 보기 바랍니다. 왜 나는 화가 났을까? 평소 자신이 존경하는 스님이 그렇게 물었어도 화가 났을까? 아니면 사랑하는 남편이나 아내 또는 자식이 물었어도 화가 났을까? 아마도 스님이 물었다면 자신이 아는 것을 질문했기 때문에 기쁜 마음으로 '오온입니다' 하고 대답했을 것입니다. 또 사랑하는 아들이 물으면 '와! 내 아들이 이런 질문을 다 하네.' 하면서 아주 기쁘게 대답했을 것입니다.

이처럼 묻는 대상에 따라 달리 움직이는 그 마음, 즉 화난 마음과 기쁜 마음으로 대답하고 있는 그 마음은 사실 동일한 마음입니다. 다시 말해 우리가 늘 경험하는 슬퍼하는 마음도, 기뻐하는 마음도, 우울한 마음도, 사랑하는 마음도, 미워하는 마음도 모두 같은 마음이라는 것입니다. 그러면 왜 우리의 마음은 대상에 따라 요동을 치는 것일까요? 혹시 마음 저 깊은 곳에 우리의 의식으로 알아차릴 수 없는 무언가 다른 마음이 있는 것은 아닐까요?

하여튼 부처님은 우리들에게 이처럼 요동치는 마음을

알아차리고 제어하라고 가르쳤습니다. 사실상 이처럼 요동치는 마음을 제어하는 방법을 가르치는 것이 불교의 핵심이기도 합니다. 그리하여 부처님께서도 마음을 설명하기에 앞서 인간(중생)이란 어떻게 구성되어 있는지를 밝힙니다. 앞서 말했듯이 인간은 색·수·상·행·식이라는 다섯 가지의 덩어리, 즉 오온(五蘊)으로 이루어져 있다고 합니다. 여기서 색은 넓은 의미로 말하면 물질, 좁은 의미로 말하면 육체를 말합니다. 그리고 수·상·행·식은 네 가지의 정신작용 또는 마음입니다. 이처럼 부처님은 우리 인간을 육체와 마음의 결합체라고 보고 있습니다.

그러나 주의할 것은 이러한 육체와 정신의 결합체로 이루어진 것도 인연이 다하면 사라지는 연기적 존재라는 사실입니다. 연기란 '인연생기(因緣生起)'의 줄인 말로 모든 존재는 직접적인 원인(인)과 간접적인 원인(연)으로 생기한다고 하는 부처님의 근본 가르침입니다. 결국 '나'라는 존재도 연기적인 것이기 때문에 '나'라고 하는 본질적 자아는 없다고 하는 '무아'가 되는 것입니다. 이것이 바로 모든 존재는 자아(자기라고 할 수 있는 실체)가 없다는 '제법무아(諸法無我)'입니다. 그런데 여기서 문제가 되는 것은 네 가지의 마음입니다. 우선 네 가지의 마음이란 어떤 것인지 구체적으로 살펴보도록 하겠습니다.

먼저 '수'라는 마음은 받을 수(受) 자이기 때문에 무언가를 받아들인다는 의미입니다. 다시 말해 바깥에 존재하는 여러 객관적인 대상을 안근·이근·비근·설근·신근의 감각기관(오감)을 통해서 주관적으로 받아들인다는 것입니다. 이른바 감수하는 마음입니다.

'상(想)'이란 모습(相)을 마음(心) 속으로 떠올리거나 그리는 작용입니다. 조금 구체적으로 말하면 안·이·비·설·신의 감각기관을 통해 주관적으로 받아들인 대상의 모습을 기억하여 그리는 것, 즉 감각 자료를 이미지화(image)하는 마음입니다.

'행'이란 갈 행(行) 자이기 때문에 어디로 간다는 뜻입니다. 즉 행이란 마음이 일정한 방향으로 움직여간다는 뜻으로 특정한 대상에 흥미를 품는 정신작용입니다. 구체적으로 말하면 기억, 추리, 상상하는 마음입니다.

마지막으로 '식'이란 감수된 대상을 이미지화하고, 기억한 것을 확실하게 식별하여 무엇인지 판단, 사유하는 마음입니다. 유식의 입장에서 말하면 수·상·행은 마음의 작용[心所]이고, 식은 마음[心] 중의 하나입니다. 다시 말해 식이 마음의 본체라면 수·상·행은 마음에 부수하는 것으로 마음의 구체적인 작용들입니다. 수·상·행에 대해서는 심소[마음의 작용] 부분에서 좀 더 자세하게 설명하겠습니다.

그런데 간혹 오온 중에서 물질을 하나, 마음은 네 가지로 분류한 까닭에 부처님이 마음만을 중시했다고 해설하는 사람들이 있습니다. 하지만 그것은 부처님의 가르침을 오해한 것입니다. 부처님은 마음이 물질보다 중요하다고 직접적으로 언급한 적이 없습니다. 다만 중생의 구체적인 모습을 설명하기 위해 물질과 마음을 분류하다 보니 마음이 물질보다 수적으로 많아졌을 뿐입니다. 결코 어느 것이 중요하고 어느 것이 덜 중요하다는 의미로 말한 것이 아닙니다.

주지하듯이 부처님의 가르침과 대비되는 이론을 제창했던 마르크스(K·Marx)는 유물론자입니다. 그런데 유물론 역시 오직 유(唯), 만물 물(物)로 이루어진 글자인 까닭에 오직 물질[唯物]만 인정하고 정신[마음]을 부정하는 주장으로 오해하는 사람들이 있습니다. 그러나 마르크스는 이 세상을 구성하고 있는 토대를 물질로 보고, 이 물질을 토대로 존재하는 부차적인 존재를 정신이라고 보았을 뿐입니다. 다시 말해 이 세계는 근원적 토대인 물질과 부차적인 정신으로 이루어져 있다고 함으로써 정신을 무시하지는 않았다는 것입니다. 결국 마르크스는 물질과 정신 둘 다를 인정하면서 다만 물질과 정신을 1차적인 것이냐, 2차적인 것이냐의 차이로 보았을 뿐입니다. 마찬가지로 부처님도 물질과 마음을 둘 다 인정하면서도 우선적인 가치를 마음에 두었다고 볼 수 있습니다.

■ 깨달음을 얻는 것은 많은 것을 기억하는 게 아니다

마음공부가 얼마나 중요한 것인지 부처님과 주리반특(周利槃特)이라는 제자 사이에 있었던 일화를 잠시 소개할까 합니다. 혹시 주리반특 혹은 쭐라판다카(cullapanthaka)라는 이름을 들어 본 적이 있습니까? 아마도 귀에 익은 이름이라고 생각하시는 분도 있을 것이고, '처음 들었는데' 하며 고개를 갸우뚱거리는 분도 있을 것입니다. 이 사람은 부처님의 제자로, 기록에 의하면 부처님의 제자 중 머리가 가장 나쁜 사람이었다고 합니다. 그래서 부처님은 '주리반 특은 어리석어 도저히 어려운 것을 가르치면 안 되겠구나' 라고 생각하여 다음과 같은 아주 짧은 가르침을 주었다고 합니다.

> "삼업에 악을 짓지 않고, 모든 유정을 다치지 않게 하고, 정념으로 공을 관찰하면 무익한 괴로움을 면할 것이다."

조금 어려운 말이기 때문에 설명을 덧붙이고자 합니다. 먼저 게송에서 '삼업에 악을 짓지 않는다'고 한 것은 이른바 신구의(身口意)의 삼업, 즉 몸과 입과 생각(意)으로 악을 짓지 않는다는 의미입니다. 계속해서 '모든 유정을 다치지 않게 한다'는 게송은 살아 있는 모든 것(중생)을 해치지 않는다는 뜻입니다. 그리고 '정념으로 공을 관찰하면'이라는 게송에서 '정념(正念)'이란 생각을 오로지 한곳에 집중한다는 뜻이고, '공을 관찰한다'는 것은 일체의 모든 것은 자기의 본질이라고 할 수 있는 것이 없다는 뜻입니다. 다시 말해 자성(실체)이 없다는 것을 체득하여 그것에 집착하지 않는다는 의미입니다. 마지막으로 '무익한 괴로움을 면한다'고 하는 것은 하찮은 괴로움이 없어진다는 뜻입니다. 결국 부처님은 수행의 철칙을 아주 짧은 하나의 경문으로 나타내어 어리석은 제자 주리반특에게 제시하였던 것입니다.

그러나 너무나 어리석었던 주리반특은 이 짧은 경문조차도 기억할 수가 없었습니다. 그러던 어느 날 자신에게 너무나 실망한 주리반특은 홀로 기원정사의 문 앞에 힘없이 서 있었습니다. 이러한 주리반특의 모습을 본 부처님은 조용히 그에게 다가가 "주리반특아! 거기서 무엇을 하는가?" 하고 물었습니다. 그러자 주리반특은 "부처님! 저는 왜 이렇게 어리석은지 모르겠습니다. 저는 너무나 어리석어 도저히 부처님의 제자가 될 수 없을 것 같습니다."라고 힘없이 말했습니다. 그러자 부처님은 자기의 어리석음을 자책하고 있는 주리반특의 손을 잡으며 "어리석으면서 자신이 어리석다는 것을 알지 못하는 자가 진짜 어리석은 자다. 너는 확실히 너 자신이 어리석다는 것을 알고 있다. 그러므로 너는 정말로 어리석은 사람이 아니다."라고 인자하게 말씀하였습니다. 그리고 그에게 빗자루와 걸레를 주면서 "먼지를 털고, 때를 제거하라."고 하는 이전보다 더 짧은 가르침을 주었습니다.

그날 이후 주리반특은 매일 동료들의 신발을 정리하는 등 승원의 궂은일을 도맡아 하면서 열심히 아주 열심히 부처님의 가르침을 사색하고 또 사색했습니다. 그리고 몇 년이 지난 후 주리반특은 부처님의 제자 중에서 신통설법 제일이라는 별칭을 얻게 되었습니다.

그러면 이처럼 어리석고 멍청한 주리반특이 어떻게 부처님의 뛰어난 제자가 될 수 있었을까요? 그것은 바로 부처님과 부처님의 가르침에 대한 한없는 믿음, 그리고 그 가르침에 대한 철저한 실천 수행 덕분이었습니다. 그 실천 수행으로 인해 바로 마음의 먼지를 털고 마음의 때를 제거한 것입니다.

이처럼 마음을 수행하는 것이 바로 깨달음을 얻은 지름길인 것입니다. 그래서 부처님께서도 대중들 앞에서 "깨달음을 얻는 것은 결코 많은 것을 기억하는 것이 아니다. 비록 작은 일이라도 그것을 철저하게 하면 되는 것이다. 보아라! 주리반특은 빗자루로 청소하는 것〔마음을 청소하는 것〕을 철저히 하여 마침내 깨달음을 얻지 않았는가."라고 하였던 것입니다.

이와 같은 부처님의 가르침 방식을 대기설법(對機說法) 또는 응병시약(應病施藥)이라고 합니다. 대기설법이란 대할 대(對), 틀 기(機), 말씀 설(說), 법 법(法) 자로, 그 사람의 그릇(능력)에 따라 가르침(법)을 설하다(說)는 의미이고, 응병시약이란 응할 응(應), 병 병(病), 베풀 시(施), 약 약(藥) 자로, 의사(부처님)가 환자(중생)의 병에 따라 약을 처방하듯이, 부처님도 중생의 괴로움을 살펴 그 처방, 즉 가르침을 편다는 뜻입니다. 이처럼 부처님의 대기설법 내지 응병시약으로 인해 어리석은 주리반특도 마음을 깨끗이 하여 깨달음을 얻을 수 있었던 것입니다.

■ 내 마음의 정체

부처님의 가르침은 인도에서 중앙아시아를 거쳐 동북아시아(중국, 한국, 일본)에 전해집니다. 그런데 부처님의 가르침 중에서도 중국에서는 마음을 중시하는 선종이라는 종파가 아주 크게 발전합니다. 선종의 창시자는 너무나 잘 알려진 달마대사입니다. 달마대사 이래로 선종에서는 마음공부가 선의 처음이자 마지막이라고 할 만큼 중시되었습니다. 즉 불교공부는 오로지 마음공부뿐이며, 마음 밖에 다른 것은 없다고 단언하고 있습니다. 그래서 마조 도일스님은 "일체법은 심법이고 일체의 명칭은 모두 마음의 명칭이다. 만법은 모두 마음에서 나왔으니 마음은 만법의 근본이다."라고 하였습니다.

마음에 관한 선문답으로 가장 잘 알려진 것은 선종의 초조 달마대사와 2조 혜가스님의 대화입니다. 두 분의 대화를 이른바 마음을 편안하게 한다는 의미에서 '안심법문(安心法門)' 또는 '안심문답(安心問答)'이라고 합니다. 그 문답의 내용은 다음과 같습니다.

> 달마대사가 면벽하며 〈좌선하고〉 있었다. 그때 2조 〈혜가스님〉이 눈을 맞으면서 팔을 자르고 말하기를,
>
> "〈스승님!〉 저는 마음이 아직 불안합니다. 스승님! 〈저의〉 마음을 안심시켜 주십시오."
>
> 달마대사가 말하기를,

"〈너의 불안한〉 마음을 가지고 오너라. 그대를 위해 〈마음을〉 안심시켜 주겠다."

2조 〈혜가스님이〉 말하기를,

"마음을 도저히 찾지 못하겠습니다〔불가득(不可得)〕."

달마대사가 말하기를,

"그대를 위해 이미 〈그대의 마음을〉 안심시켰다."

이 선문답은 『무문관』 제41칙에 등장하는 것으로 너무나 유명한 구절입니다.

그러면 여기서 말하는 마음의 정체란 과연 무엇일까요? 혜가스님이 찾지 못한 마음, 즉 '불가득한 마음'이란 어떤 마음일까요? 그리고 달마대사가 안심시킨 마음이란 또 어떤 마음일까요?

혜가스님이 달마스님에게 구한 그 마음은 편안하거나 편안하지 않거나 하는 것에 끄달리지 않는 본래의 마음 자체를 구한 것입니다. 그러자 달마스님은 편안하거나 편안하지 않는 그 마음의 실상은 본래 실체가 없는 공이요, 무자성이라고 하였습니다. 즉 달마스님은 마음의 평안함을 구하는 그 자체가 바로 마음에 실체가 있다고 집착하는 것이며, 깨달음으로 나아가는 데에 길을 막는 최대 방해꾼이라고 지적하고 있는 것입니다.

그런데 선사들의 가르침에는 심즉불, 일심, 평상심시도, 이심전심, 직지인심 등과 같은 마음에 관한 것이 매우 많습니다만, 이런 가르침은 모두 인도에서 발생한 '유식'을 바탕으로 형성된 것들입니다. 결국 선종도 불교의 가르침 가운데 하나이기 때문에 마음공부를 하기 위해서는 대승불교의 핵심 가르침인 '유식사상'을 공부할 수밖에 없다는 것입니다.

■ 공자의 충과 부처님의 심은 통한다

마음과 관련한 공자의 일화를 하나 소개할까 합니다. 『논어』「이인편(里仁篇)」에 공자와 가장 나이 어린 제자 증삼〔증자〕과의 대화가 전해집니다.

"〈증〉삼아! 나의 도는 하나로 관통하고 있다(參乎 吾道 一以貫之)."

공자가 이렇게 말하고 밖으로 나가자, 다른 제자들이 증삼에게 스승님이 방금 말한 것이 무슨 의미인가를 물었습니다. 이에 증삼은 다음과 같이 대답하였습니다.

"선생님의 가르침(道)은 충(忠)과 서(恕)뿐입니다(夫子之道 忠恕而已矣)."

오늘날 충이라고 하면 대부분 국가나 나라에 충성한다는 의미로 해석합니다. 하지만 공자시대의 충은 그 의미가 조금 다른 것 같습니다. 충이라는 글자는 가운데 중(中) 자와 마음 심(心) 자로 이루어져 있습니다. 여기서 가운데 중(中) 자는 원래 화살이 과녁 정중앙에 꽂힌 것을 형상화한 것입니다. 그리고 그 밑에 마음 심(心) 자가 붙었기 때문에, 결국 충이란 마음속에 중심을 하나만 가지고 있다는 뜻이 됩니다. 다시 말해 충이란 '마음을 한 곳에 집중한 상태'를 말하는 것입니다. 이 충을 불교적으로 말한다면 어떤 대상에 마음을 집중한 상태, 즉 삼매와 같은 의미라고 할 것입니다.

일반적으로 아픈 사람을 환자라고 합니다. 이때의 환(患)은 가운데 중(中) 자를 두 개 겹쳐 놓고, 그 아래에 마음 심(心) 자를 쓴 글자입니다. 결국 마음속에 집중할 곳이 둘이나 되어 어디에 집중해야 할지 혼란스럽고 근심되기 때문에 환자라고 하는 것입니다. 이처럼 공자도 '마음의 집중'을 중요한 것으로 생각한 것 같습니다. 이렇게 보면 충은 마음 자체, 즉 내면적인 문제라고 할 수 있습니다.

반면 서(恕)는 구체적인 실천을 요구하는 의미가 강합니다. 서는 같을 여(如) 자와 마음 심(心)으로 이루어진 글자입니다. 즉 남의 마음과 같이한다는 뜻입니다. 다시 말하면 타인의 입장에서 생각한다는 뜻입니다. 우리들은 자기 몸이나 재산 등을 아주 소중하게 생각합니다. 이처럼 자기 것이 소중한 만큼 남의 것도 소중하게 생각하라는 것입니다. 이렇게 보면 서는 외면적인 문제라고 할 수 있습니다.

결국 공자는 내면적으로 자기 자신에게 최선을 다하고, 밖으로 남과의 관계에서 내 마음을 미루어 남의 마음을 헤아려 보라고 한 것입니다. 그리고 내가 내면적으로 성실하고 남을 내 마음과 같이 아껴줄 때 그 첫 번째 대상자는 부모이며, 두 번째는 형제입니다. 이 때문에 유교에서 효(孝)와 제(悌)를 가장 중시하는 것입니다. 그리고 효제를 실천한 다음 친척, 이웃, 나라, 인류에게로 그 충서를 확대하여 실천하라고 가르칩니다. 이런 의미에서 유교는 순서를 정해서 충서를 실천하라는 가르침이라고 할 수 있습니다. 즉 유교는 불교와는 달리 차별적인 충서의 실천을 요구하고 있는 것입니다.

이렇게 보면 불교의 무차별적인 사랑의 실천을 요구하는 자비와 차별적인 사랑의 실천을 요구하는 충서와는 분명한 차이가 있다고 할 것입니다. 그러나 마음을 중시했다는 점에서는 부처님과 공자의 가르침에 큰 차이는 없다고 할 것입니다.

한편 맹자는 인간에게 네 가지 단서〔실마리〕, 즉 사단(四端)이 본성적으로 갖추어진 존재라고 보았습니다. 즉 맹자는 인간이라면 측은하게 여기는 마음〔측은지심〕, 자기의 잘못을 부끄러워하거나 남의 잘못을 미워하는 마음〔수오지심〕, 사양하는 마음〔사양지심〕, 무엇이 옳고 그른가를 가리는 마음〔시비지심〕이 누구에게나 있다고 보았습니다. 이처럼 맹자는 이런 네 가지 마음을 가진 존재를 인간이라고 보고, 이런 마음이 없는 사람을 짐승과 다를 바 없다고 하였습니다.

나아가 이 네 가지의 마음 중에서 측은한 마음은 인(仁)의 실마리(端)이고, 부끄러워하고 미워하는 마음은 의(義)의 실마리이고, 시비를 가리는 것은 지(智)의 실마리이고, 사양하는 마음은 예(禮)의 실마리라고 하였습니다. 이처럼 사단(四端)이 인간의 마음속에 있는 것은 몸에 팔다리 네 개가 있는 것과 같다고 하였습니다.

맹자에 의하면 인간은 '사단'을 갖춘 선한 존재입니다. 그러나 현실적으로 인간은 악한 행위를 수없이 반복하고 있습니다. 그렇다면 인간의 악한 행위는 어디에서 나오는 것일까요? 맹자는 인간이 악한 행위를 하는 것은 본래의 모습이 아니라고 합니다. 즉 비록 인간이 나쁜 행위를 하더라도 그 근본원인은 그 사람에게 있는 것이 아니라 외부의 환경에 있다고 본 것입니다. 그런데 맹자는 나쁜 행위를 제어하는 구체적인 방법을 제시하지는 않았습니다. 그 구체적인 방법은 후대(성리학)로 미루어집니다.

부처님께서도 중생(인간)의 마음은 본래 불성을 가지고

있지만 외부에서 들어온 번뇌, 즉 객진번뇌(客塵煩惱)에 마음이 물들어 있기 때문에 괴로움의 바다에서 시달리고 있다고 하였습니다. 따라서 객진번뇌에 물들어 있는 마음을 청정하게 하는 것이 수행이고, 그것은 부처가 되는 길이라고 하였던 것입니다.

2 부처님의 가르침은 **마음공부**가 전부

■ 하루 오만 번이나 변하는 마음의 정체

마음! 하루에도 오만 번이나 변한다는 마음, 도대체 그 정체는 무엇일까요? 게다가 부처님(불교)은 왜 그토록 마음을 중요하게 생각했던 것일까요? 또한 중국 선종의 선사들은 마음 수련을 위한 수많은 행각을 통해서 무엇을 얻고자 하였던 것일까요?

이런 의문을 가져본 적이 없나요? 만약 있었다면 지금부터 이런 의문들을 하나하나 풀어보는 것은 어떨까요?

먼저 부처님이 우리들에게 마음에 대한 가르침을 인용하는 것으로부터 이야기를 시작할까 합니다.

"모든 악을 짓지 말고, 많은 선을 받들어 행하며, 스스로 그 마음을 청정하게 하라. 이것이 모든 부처님의 가르침이다."

"사물은 마음에 지배 받고, 마음을 주로 하고, 마음으로부터 성립한다. 만약 사람이 더러운 마음을 가지고 말하거나 행한다면 그에게 괴로움이 따른다. 마치 마차를 끄는 말이나 소의 발자국을 수레바퀴가 뒤따라가는 것과 같이."

"사물은 마음에 지배 받고, 마음을 주로 하고, 마음으로부터 성립한다. 만약 사람이 청정한 마음을 가지고 말하거나 행한다면 그에게 즐거움이 따른다. 마치 그림자가 주인을 따라 떠나지 않는 것과 같이."

"어떠한 괴로움이 생기더라도 그것들은 모두 마음(識)을 원인으로 한다. 마음(識)이 멸하면 괴로움은 생기지 않는다."

"이 삼계는 허망하고 오직 마음뿐이다."

"일체의 모든 것은 마음으로부터 나온다(일체유심조)."

위에 인용한 게송은 모두 부처님의 말씀입니다. 첫째, 둘째, 셋째 게송은 초기경전 중의 하나인 『법구경』에 등장하는 부처님의 가르침입니다. 특히 첫 번째 게송은 불교의 핵심을 말하고 있는 것으로서 우리에게 너무나 잘 알려진 '칠불통계게(七佛通戒偈)'입니다. 이처럼 칠불통계게에서는 부처님의 핵심 가르침을 '마음', 즉 마음을 청정하게 하는 것이라고 하였습니다. 다시 말해 불교는 '마음공부'가 전부라는 것입니다.

둘째, 셋째 게송에서도 인간의 마음이 사물의 중심이며, 마음의 존재 방식에 따라 괴로움이 되기도 하고 즐거움이 되기도 한다고 하여, 마음의 중요성을 가르치고 있습니다.

네 번째 게송은 초기경전 『숫타니파타』(경집)에 등장하는 부처님의 가르침으로서, 우리들의 모든 괴로움의 원인은 마음에서 비롯된다고 하는 것입니다.

마지막 두 게송은 대승경전인 『화엄경』의 「십지품」과

「야마궁중게찬품」에 나오는 경문입니다. 이것 역시 삼계에 존재하는 모든 것은 마음으로부터 생기한다고 합니다. 게다가 『화엄경』에서는 '시방세계의 모든 부처님도 나의 마음(자심(自心))에 말미암는다.'고 하여 부처님조차도 마음의 현현이라고 합니다. 이처럼 부처님은 무엇보다도 우리들의 마음을 깊이 응시하고 관찰하여 불교의 출발점으로 삼았던 것입니다. 그리고 이러한 불교 내의 흐름을 바탕으로 마음을 집중적으로 탐구한 유식사상이 성립하게 된 것입니다.

이런 인도불교의 전통은 중국에 그대로 이어집니다. 마음 수행을 불교의 핵심이라고 간주한 중국의 선종에서는 '심즉불(心卽佛)', 즉 마음이 곧 부처라는 극단적인 표현까지 하게 됩니다. 즉 자기의 청정한 본래 성품, 즉 마음을 깨닫는 것이 불교공부라는 것입니다. 그리하여 선종의 초조 달마대사 이래 최근의 성철스님에 이르기까지 역대 선사들은 '마음공부'를 선의 시작이자 마지막으로 간주하였던 것입니다. 이처럼 인도불교 및 동북아시아 불교(중국, 한국, 일본)에서는 마음공부를 불교의 핵심이라고 보았습니다.

■ 윤회의 주체, 아뢰야식을 발견하다

인간은 크게 이론을 좋아하는 사람과 실천을 좋아하는 사람으로 나눌 수 있습니다. 다른 말로 하면 형식에 치중하는 사람과 내용에 치중하는 사람이라고 할 것입니다. 그러나 현실에서 이론과 실천, 형식과 내용을 구분할 수는 없습니다. 실제로 이론과 실천은 따로 나누어 추구할 수 있는 것이 아니라 둘이 동시에 추구될 때 의미가 있고 가치가 있는 것입니다.

형식과 내용도 마찬가지입니다. 형식, 즉 겉모습이나 외모가 아무리 좋고 아름다워도 내용, 즉 인격적인 공부가 덜되었거나 내면적으로 알맹이가 없으면 그 사람은 골빈 놈으로 취급받을 것입니다. 물론 외모도 중요합니다. 그렇지만 인간의 가치는 외모(형식)만으로 결정할 수는 없습니다. 알맹이(내용)와 외모가 조화를 이루어야 참다운 인간으로 대우를 받고 존경도 받을 것입니다. 그래서 동서고금을 막론하고 성현들이 이론적인 공부와 실천 수행의 조화, 즉 지행합일을 강조하였던 것입니다.

부처님의 입멸 후 초기불교시대를 거쳐 부파불교시대가

되면서 이론적인 연구, 즉 부처님의 가르침을 체계적으로 연구하여 부처님의 가르침을 당시의 사람들과 후세 사람들에게 전하려고 하는 그룹이 나타났습니다. 그들을 아비달마 논사들이라고 하는데, 그들은 부처님의 가르침을 체계적으로 정리, 해석한 방대한 논서들을 남겼습니다. 한마디로 말하면 그들은 불교 내에서 실천보다는 이론에 치중하였던 사람들이라고 할 수 있습니다.

그들 중에서 대표적인 학파인 설일체유부(說一切有部, 일체(法)가 존재한다(有)고 설(說)하는 부파(部))의 입장을 잠시 정리하고 넘어가겠습니다.

먼저 설일체유부는 법(사물)의 존재성을 인정하고, 인연에 의해 만들어진 인간과 세계를 구성하는 구성요소(법)로서 5위 75법을 상정합니다. 그리고 이 법은 인간을 포함한 전 세계를 구성하는 최소한의 구성요소로서 삼세(과거, 현재, 미래)에 실유(實有)한다고 합니다. 그들에 의하면 75가지의 법 중에서 72법은 시간과 함께 끊임없이 변화하는 유위법(有爲法)이며, 나머지 3법은 시간의 경과에도 결코 변화하지 않는 무위법(無爲法)입니다.

그들은 이 법을 다시 색법(물질), 심법(마음), 심소법(마음의 작용], 심불상응행법(물질도 아니고, 심적인 요소도 아닌 법), 무위법의 다섯 가지로 나누었는데, 색법은 11법, 심법은 1법, 심소법은 46법, 심불상응행법은 14법, 무위법은 3법으로 모두 75개가 됩니다. 이것을 세분하면 색법은 안·이·비·설·신의 오근과, 색·성·향·미·촉의 오경, 그리고 무표색(無表色)이고, 심법은 마음 1개, 심소법은 대지법(大地法) 10개, 대선지법(大善地法) 10개, 대번뇌지법(大煩惱地法) 6개, 대불선지법(大不善地法) 2개, 소번뇌지법(小煩惱地法) 10개, 부정지법(不定地法) 8개입니다. 또 심불상응행법은 득(得)·비득(非得)·명근(命根)·동분(同分)·무상과(無想果)·무상정(無想定)·멸진정(滅盡定)·생(生)·주(住)·이(異)·멸(滅)·명(名)·구(句)·문(文)이고, 무위법은 허공(虛空)·택멸(擇滅)·비택멸(非擇滅)입니다. 이처럼 부파불교는 번쇄한 법의 체계를 만들고 거기에 얽매여 있었습니다.

한편 이와 반대로 실천을 중시하는 그룹들도 있었습니다. 그들을 '유가사'라고 하는데, 범어로 요가차라[요가를 실천하는 사람]라고 하는 사람들입니다. 그들은 정신을 집중하는 수행을 통해 의식으로는 알아차릴 수 없는 심층의 마음을 체득하였는데, 그 마음을 아뢰야식이라고 하였고, 나아가 이 아뢰야식을 윤회의 주체라고 보았습니다.

불교는 '제법무아〔존재하는 모든 것은 본질〔실체〕이라고 할 수 있는 것이 없다〕'라고 하듯이, 불교가 다른 종교나 사상과 근본적으로 다른 것은 '무아(無我, anātman)'를 주장하는 것입니다. 반면 인도 정통학파나 불교 이외의 외도에서는 아(我, ātman)나 영혼(靈魂, jīva)을 주장합니다. 아트만(ātman)이란 존재하는 것을 존재하게끔 하는 본체나 실체를 말합니다. 인간으로 말하면 나를 나이게끔 하는 나 자신의 자아를 말합니다. 인도 정통학파에서 아트만을 주장하는 근거는 범아일여사상(梵我一如思想, 범어: tat tvam asi)입니다.

여기서 '타트 트밤 아시(tat tvam asi)'가 어떻게 범아일여사상으로 번역되었는지 부가 설명을 드리겠습니다. '타트(tat)'는 영어의 지시대명사 'it(그것)'과 같은 의미로, 구체적으로 말하면 우주의 보편 법칙인 '브라만(brahman)'을 의미합니다. '트밤(tvam)'은 영어의 2인칭 어미 당신(you)과 같은 의미이며, 구체적으로는 '아트만'입니다. 그리고 '아시(asi)'는 동사 어근 √as의 단수, 2인칭으로 영어의 be동사와 같은 의미입니다. 따라서 'tat tvam asi'를 직역하면

'너(tvam, 아트만)는 그것(tat, 브라만)이다(asi)'라는 의미가 되므로, 일본학자가 그것을 범아일여사상으로 번역하였던 것입니다.

그러므로 인도 정통학파에서는 윤회의 주체는 '아트만'이라고 합니다. 그런데 불교에서는 문제가 생깁니다. 즉 불교는 무아를 주장하면서 동시에 인도 정통사상으로부터 '윤회설(輪廻說, saṃsāra)'을 받아들임에 따라 무아설과 윤회설의 조화에 고심하게 됩니다. 불교는 인도 정통학파로부터 "윤회하는 주체인 자아(아트만)가 존재하지 않는다면 도대체 태어나고 죽고 하는 주체는 누구인가."라는 질문을 받게 되었고, 이 모순(의문)을 해결하고자 불교에서는 '업상속(業相續)'이라는 개념을 도입하였습니다. 업상속이란 현재의 나는 과거에 행한 행위[업]의 결과이고, 현재의 행위는 미래 생존의 존재 방식을 결정하는 것, 즉 행위가 윤회의 주체가 되어 계속해서 상속한다는 것입니다.

그렇다고 업상속을 윤회의 주체로 완전히 납득하기는 힘들었습니다. 그래서 부파불교에서는 윤회의 주체를 유분식(有分識), 근본식(根本識), 궁생사온(窮生四蘊) 등으로 설명하기도 하였습니다만, 대승불교[유식학파]에 와서 드디어 아뢰야식을 윤회의 주체로 상정하게 되었습니다. 다시 말해 아뢰야식은 무시 이래로 생멸하고 상속하면서 동시에 항상하지도 단절되지도 않으며, 생멸과 상속을 반복하고 유정을 떠돌게 하여 윤회의 세계로부터 벗어나지 못하게 하는 성질을 가졌다는 것입니다. 아뢰야식에 대해서는 나중에 자세하게 설명하도록 하겠습니다.

이제 본격적으로 불교의 핵심인 '마음'의 탐구를 위해 여행을 떠나고자 합니다.

3 유식사상을 만든 성현들

■ 미륵보살

모든 것이 마음의 현현이라고 주장하는 학파를 유가행파 또는 유식학파라고 합니다. 유가행파는 '요가의 실천을 기반으로 하는 학파'라는 뜻이며, 유식학파란 '요가체험을 바탕으로 유식이라는 독자적인 가르침을 펼친 학파'라는 의미입니다. 유식학파의 가르침은 기원후 4-5세기에 걸쳐 미륵보살(350-430), 무착보살(395-470), 세친보살에 의해 확립·완성되었습니다.

유식사상을 창시한 사람은 미륵보살입니다. 미륵보살이 실존 인물인지 아니면 무착보살의 수행 중에 나타난 가공의 인물(신앙의 대상)인지는 학자들 사이에 의견 차가 있습니다만, 여기서는 실존 인물로 보고 이야기를 전개하고자 합니다. 우리가 알고 있는 도솔천의 미래부처님과 동일시해서는 곤란합니다. 물론 『바수반두법사전』에는 도솔천의 미래불인 미륵보살과 동일한 인물로 기록하기도 합니다. 그러나 유식의 창시자인 미륵보살과 미래불인 미륵보살은 구별하는 것이 좋을 듯합니다. 이처럼 유식의 창시자인 미륵보살의 대표적인 저작으로는 『중변분별론』, 『대승장엄경론』, 『유가사지론』 등이 있습니다.

■ 무착보살

다음은 유식의 대성자라고 할 수 있는 무착보살에 대해 살펴보겠습니다. 현장스님(602-664)의 『대당서역기』나 진제스님(499-569)의 『바수반두법사전』에 의하면, 무착보살은 인도 북서지방 간다라국 출신으로서 바라문 집안의 장남으로 태어났다고 합니다. 무착보살은 처음에 설일체유부

(또는 화지부)로 출가하여 열심히 수행 정진하였습니다. 그러나 출가의 목적이었던 깨달음의 경지에는 이르지 못하자 무착보살은 자살을 결심하게 됩니다. 그때 '빈두라'라는 아라한을 만나 대승의 가르침을 전수받고 수행에 전념하여 깨달음을 얻게 되었다고 합니다. 그러나 그는 이에 만족하지 않고 이미 체득한 신통력으로 도솔천에 올라가 미륵보살에게 가르침을 청합니다. 미륵보살로부터 대승의 공관을 배운 무착보살은 다시 지상으로 내려와 가르침의 내용대로 수행을 실천하여 드디어 공의 교리를 깨닫게 되었다고 합니다.

그 후에도 그는 도솔천을 왕래하면서 미륵보살에게 대승경전의 가르침을 받아 지상의 사람들을 가르쳤습니다. 그런데 지상의 사람들은 그의 가르침을 믿으려 하지 않았습니다. 그래서 그는 미륵보살에게 지상에 내려와 대승의 교리를 설해 줄 것을 간청합니다. 그리하여 미륵보살이 지상에 내려와 사람들을 가르칩니다. 4개월 동안 밤에는 미륵의 가르침을 받고, 낮에는 무착보살의 가르침을 받은 사람들은 드디어 대승의 교리를 믿고 따르게 되었다고 합니다.

한편 무착보살은 그의 친동생인 세친보살이 대승을 비방한다는 소식을 접하고, 동생에게 대승의 가르침을 설하여 대승으로 귀의시켰다고도 합니다.

무착보살의 대표적인 저작으로는 '대승(大乘)을 포괄(攝)한 논서(論)'라는 제목의 『섭대승론』이 있습니다. 『섭대승론』은 제목명과 같이 대승사상을 일목요연하게 총 정리한 유식사상의 대표적인 논서입니다. 이외에도 『아비달마집론』, 『유가사지론』의 요지를 해설한 『현양성교론』, 『중론』의 부분 주석인 『순중론』, 『금강반야경론』 등이 있습니다.

■ 세친보살

다음은 유식사상의 완성자인 세친보살에 대해 살펴보겠습니다. 진제스님의 『바수반두법사전』에 의하면 세친보살은 부처님께서 열반에 드신 지 900년 후 간다라 지방의 푸르샤푸라(현재 페샤와르)에서 바라문 집안의 차남으로 태어났다고 합니다. 세친보살의 범어 이름은 바수반두(Vasubandhu)로서, 바수(vasu)는 부(富)·보석·바수천(天의 이름), 반두(bandhu)는 친족·붕우(朋友)라는 의미입니다. 이런 의미를 살려 진제스님은 세친보살을 '천친(天親)보살'이라고 번역하였습니다.

세친보살은 처음에 부파불교의 일파인 설일체유부에 출가하여 경량부의 입장에서 설일체유부의 사상을 정리한 『구사론』을 지어 명성을 얻었다고 합니다. 또 다른 전승에 따르면, 설일체유부의 학승 중현이 세친보살의 경량부 입장을 비판한 『순정리론』을 지어 세친과 대론하기를 원했습니다만, 세친보살이 피하는 바람에 대론이 성사되지 않았다고도 합니다.

앞서 말했듯이, 세친보살의 친형인 무착보살은 일찍이 대승불교에 출가하여 유식학파의 학승으로서 명성을 날리고 있었습니다. 그는 친동생인 세친보살을 대승불교에 귀의하도록 설득하였는데, 무착보살의 설득으로 대승불교로 전향한 세친보살은 수많은 대승의 논서를 저술하였으며, 또한 대승경전에 대한 많은 주석도 남겼습니다. 그리고 80세에 아요디야(ayodhyā)에서 입멸하였다고 합니다.

그런데 티베트 출신의 출가자인 부톤(Bu ton)의 『인도불교사』에는 이와는 다른 전승이 전해지고 있습니다. 세친보살이 태어날 당시 인도는 힌두계통의 굽타 왕조 시대였습니다. 굽타 왕조는 힌두교를 우대하였기 때문에 상대적으로 불교가 쇠퇴하고 있던 시기였습니다. 부톤의 『인도불교사』에는 다음과 같은 흥미로운 기록을 전하고 있습니다.

"어떤 재가 여성신자가 불교의 쇠퇴를 걱정하고 있었습니다. 그렇지만 여자의 몸으로는 불교를 흥기시킬 수가 없었습니다. 그래서 그녀는 남자아이를 낳아 그들에게 불교의 흥기를 의탁하기로 결심하였습니다. 그녀는 먼저 크샤트리아(왕족) 출신의 남자와 관계를 가져 남자아이를 낳고는 그 이름을 무착이라고 하였습니다. 다음에는 바라문의 남자와 관계를 가져 두 번째 자식을 낳고는 그 이름을 세친이라고 하였습니다. 무착과 세친은 전적으로 홀어머니에게 양육되었습니다. 그런데 당시 인도에서는 자식은 부친의 직업을 이어받는 것이 원칙이었기에 어느 날 무착과 세친은 그의 어머니에게 '저희들도 직업을 가져야 합니다. 아버지의 직업을 가르쳐 주십시오.'라고 물었습니다. 그러자 어머니는 '너희들을 낳은 것은 아버지의 직업을 이어받기 위한 것이 아니다. 불교를 세상에 널리 퍼뜨리게 하기 위해 너희들을 낳았다. 그러므로 너희들은 출가하여 불교를 배우고, 불교를 널리 전파하기를 바란다.'고 하였습니다. 그리하여 세친 형제는 출가하였습니다."

이러한 부톤의 기록은 후세에 첨가되었을 가능성이 상당히 높습니다. 그렇지만 종교적 관점에서 볼 때 진위 여부를 판가름하는 것 자체가 모순이라고 필자는 생각합니다.

우리에게 너무나 잘 알려져 있는 '맹모삼천지교'라는 일화가 있습니다. 맹자 어머니가 자식 교육을 위해 이사를 세 번 했다는 내용입니다. 하지만 청나라 시대 고증학자들의 연구에 의하면, 이 일화는 위진남북조 시대에 만들어진 이야기라고 합니다. 그러나 만들어진 이야기라고 해서 이 일화가 오늘날 우리들에게 아무런 의미가 없다고 보지는 않습니다. 여전히 '맹모삼천지교'는 우리들에게 강력한 메시지를 전하고 있습니다.

이와 마찬가지로 세친과 관련된 이 일화에서 우리는 그 진위 여부가 아니라 부톤이 전하고자 하는 메시지에 주목할 필요가 있습니다. 다시 말해 그 일화를 통해 후대 사람들에게 전하고자 한 메시지가 무엇인가에 초점을 맞추어야 한다는 것입니다. 그러면 그것의 진위 여부도 그다지 중요하지 않다는 것입니다.

세친보살은 수행자인 동시에 수많은 저서를 남긴 유명한 학승이기도 하였습니다. 잠시 세친의 저작들을 살펴보고자 합니다. 세친의 저작은 분량도 많고 내용도 실로 방대합니다. 유식 계통의 대표적인 저작으로는 유식무경을 논증한 『유식이십론』, 유식사상을 30개의 게송으로 총 정리한 『유식삼십송』, 친형 무착보살이 지은 『섭대승론』을 주석한 『섭대승론석』, 미륵보살이 지은 『대승장엄경론』을 주석한 『대승장엄경론석』, 변계소집성·의타기성·원성실성의 삼성설을 체계적으로 정리한 『삼성론』, 심소에 대해 설명한 『오온론』 등이 있습니다.

그리고 앞에서 잠시 언급했습니다만, 아비달마 사상을 정리한 『구사론』도 세친보살의 저작입니다. 이런 방대한 저작 때문에 서양의 불교학자들 중에는 역사적으로 세친보살은 두 사람이라는 '세친2인설'이 제기되기도 합니다. 반면 일본의 학자들은 '세친1인설'을 주장합니다.

앞에서 잠시 언급했습니다만, 세친보살은 말년에 유식사상을 30개의 게송으로 정리한 『유식삼십송』을 저술합니다. 그렇지만 세친보살은 『유식삼십송』에 대한 자세한 해설을 남기지 않았습니다. 그런 덕분에 후대에 많은 논사들이 『유식삼십송』에 대한 주석을 남깁니다. 현장스님(602-664)은 『유식삼십송』에 대한 주석을 남긴 주석가 중에 10명의 논사, 즉 '십대논사'를 중국에 소개합니다. 그 중에 현장스님은 호법보살(530-561)의 학설을 정설로 인정하였으며, 호법보살의 가르침은 법상종의 창시자 자은대사 규기(632-682)에게로 이어집니다.

■ 삼장법사 현장스님과 자은대사 규기

유식사상은 인도로부터 중국에 전해지는 과정에서 두 종파로 나누어집니다. 먼저 안혜보살을 거쳐 진제스님에 의해 중국에 전해진 것으로, 이것이 이른바 '섭론종'입니다.

다른 하나는 호법보살과 계현스님(529-645)을 거쳐 삼장법사 현장스님에게 전해져 중국에 전파되는데, 이 계통은 현장스님의 제자 자은대사 규기에 의해 '법상종'으로 발전합니다. 인도로부터 전파되어 중국에서 성립한 섭론종과 법상종에 대해서는 너무 전문적인 내용이라 생략하겠습니다. 여기서는 유식불교를 중국에 전파하여 법상종 성립의 계기를 마련한 현장스님과 법상종을 성립시킨 자은대사 규기에 대해서만 간략하게 언급하도록 하겠습니다.

아마도 일반 독자들은 '현장스님' 하면 잘 모를 수도 있습니다만, 『서유기』에서 손오공, 저팔계, 사오정과 함께 천축(인도)으로 부처님의 가르침을 구해 떠나는 '삼장법사'라고 하면 금방 고개를 끄덕일 것입니다. 현장스님은 바로 『서유기』에 나오는 삼장법사를 말합니다.

『서유기』는 16세기 명나라 때 만들어진 소설로, 7세기경 당나라 시대에 실재했던 현장스님을 모델로 한 것입니다. 그래도 잘 모르겠다고요! 그러면 몇 해 전 KBS에서 방영한 만화 '날아라 슈퍼보드'를 떠올리면 됩니다. 그때 등장하는 어벙한 스님이 바로 현장스님이라고 생각하면 됩니다. 물론 만화에 등장하는 주인공 스님과 실재 인물인 현장스님과는 전혀 다른 이미지이지만, 여러분들의 이해를 돕기 위해 잠시 언급했습니다.

현장스님이 활동하던 7세기경 중국에는 이미 많은 불교 경전들이 한자로 번역되어 있었습니다. 하지만 유식을 공부하면서 현장스님은 많은 의문을 가지게 되었습니다. 그래서 결국 현장스님은 이 의문들을 풀기 위해 인도로 유학을 결심하게 됩니다. 그러나 당시 당나라 정부는 통일한 지 얼마 되지 않아 체제의 안정을 위해 중국인들의 외국 출입을 금지하고 있었습니다. 그래서 현장스님은 몰래 출국해서 인도로 가게 됩니다. 장장 18년에 걸친 유학길이었습니다. 지금은 편리한 교통 탓에 유학길이 그다지 힘들지 않지만, 그 당시 중국에서 인도로 가려면 머나먼 사막을 걸어서 횡단해야 하는 아주 힘난한 길이었습니다. 현장스님의 인도 여행에 대해서는 당나라 2대 황제인 태종〔이세민〕의 명령으로 현장스님 본인이 직접 기술한 『대당서역기』를 읽어 보시면 많은 도움이 될 것입니다.

현장스님은 18년간의 유학생활을 마치고 당나라로 귀국하면서 범본 경전 657부를 가져왔는데, 입적하시기 직전까지도 그 경전의 번역에 매진했다고 합니다. 기록에 의하면 현장스님은 5일에 1권씩 번역하였는데, 양적으로 한역경전의 5분 1에 해당하는 어마어마한 분량입니다. 쉽게 말해 밥 먹는 것 빼고는 오직 경전 번역에 일생을 보냈다고 할 것입니다. 우리들이 매일 법회 때마다 독송하고 있는 『반야심경』도 사실은 현장스님이 번역한 것입니다. 중국불교 번역사에서 현장스님의 번역을 구마라집스님이나 진제스님과 비교하여 신역(新譯)이라고 하는데, 새롭게 번역하였다는 의미입니다. 반면 구마라집스님의 번역을 옛 번역이라고 하여 구역(舊譯)이라고 부릅니다.

삼장법사 현장스님의 법통을 계승한 분은 법상종을 개창한 자은대사(慈恩大師) 규기(窺基, 632-682)스님입니다. 자은대사는 많은 일화가 전해지는 분인데, 『속고승전』에 전하는 일화를 하나 소개하겠습니다.

자은대사는 열일곱 살 때 현장스님을 만나게 되는데, 현장스님은 한눈에 자은대사의 뛰어남을 간파하고 자기의 제자가 될 것을 권유합니다. 당시 황제도 존경하는 당대 최고 스님에게 출가를 권유 받았으면, 보통 사람 같았으면 감지덕지하며 당장 출가했을 것입니다. 그런데 자은대사는 현장스님에게 세 가지 조건을 허락하면 제자가 되겠다고 합니다. 그 세 가지 조건에서 첫 번째는 출가자라면 반드시 절제하고 멀리해야 할 감각적 욕망을 끊지 않아도 된다는 조건이었습니다. 다시 말하면 출가해서도 여자를 만나겠다는 말입니다. 두 번째 조건은 육식을 허락해 달라는 것이었습니다. 즉 음식을 구애받지 않고 먹겠다는 것입니다. 보다 구체적으로 말하면 고기뿐만 아니라 술도 마시겠다는 것입니다. 세 번째는 공양시간[식사시간]을 마음대로 해달라는 것이었습니다. 당시의 계율에 따르면 출가자는 12시 이후에는 음식을 먹을 수 없었습니다. 그런데 음식을 언제든지 먹고 싶을 때 먹겠다는 것입니다. 보시다시피 자은대사가 제시한 세 가지 조건은 출가자가 반드시 지켜야 할 계율들입니다. 자은대사는 그 계율을 무시하고 지키지 않겠다는 말도 안 되는 조건을 제시한 것입니다. 그런데도 현장스님은 그 조건을 받아들이고 자은대사를 제자로 삼습니다.

출가하여 스님이 되었지만 자은대사는 외출할 때 수레 세 대를 대동하고 다녔다고 합니다. 첫째 수레에는 불교경전, 둘째 수레에는 자신이 타고, 셋째 수레에는 음식과 기녀들을 태우고 대로를 활보했다고 합니다. 그래서 당시 사람들은 그를 삼거화상(三車和尙)이라고 불렀습니다.

이런 자은대사의 행동을 보고 문수보살이 늙은 아버지로 화신하여 부처님의 가르침을 전해줍니다. 문수보살의 가르침을 듣고 자은대사는 깨달음을 얻어 마침내 모든 것을 버리고 수행에 정진합니다. 그리하여 현장스님을 도와 여러 경전과 논서를 번역합니다.

그런데 마지막에 자은대사가 버린 것은 세상의 모든 욕망뿐만 아니라 부처님의 가르침인 경전도 버렸다는 것입니다. 인간의 순수한 본능, 즉 나의 깨달음을 방해하는 욕망이자 번뇌를 버린 것에는 수긍이 갑니다. 그렇지만 경전을 버린 것은 문제가 있지 않을까요? 마치 선문답 같지만 한번 생각해 보세요. 아마도 이 책을 다 읽으면 답이 나오지 않을까 하는 섣부른 기대를 해 봅니다.

앞에서 언급하였습니다만, 유식사상을 총 정리한 세친보살의 『유식삼십송』이라는 논서가 있습니다. 세친보살의 『유식삼십송』에 대해 호법보살이 『성유식론』이라는 주석서를 짓습니다. 그리고 현장스님이 그 『성유식론』을 한역합니다. 이때 자은대사는 스승 현장스님을 도와 『성유식론』을 한역하였을 뿐만 아니라 『성유식론』의 주석서인 『성유식론술기』를 저술하여 법상종을 개창합니다. 그래서 중국이나 한국, 일본에서는 세친보살의 『유식삼십송』, 호법보살의 『성유식론』, 자은대사의 『성유식론술기』를 유식공부의 필독서로 삼고 있습니다.

필자도 『유식삼십송』으로 유식공부를 시작했는데, 지

금도 이 순서는 바뀌지 않았습니다. 물론 요즈음에는 한역본뿐만 아니라 범본이나 티베트본도 공부해야 하는 어려움이 있지만, 여전히 법상종 계통에서는 한역본을 중시합니다. 유식계통의 종파인 법상종은 동북아시아에서 가장 먼저 종파로써 성립하였지만, 애석하게도 중국과 한국에서 가장 먼저 사라진 종파이기도 합니다. 그러나 일본에서는 여전히 법상종은 건재합니다. 지금도 자은대사를 기념하는 법회가 법상종의 본사인 나라의 흥복사(興福寺)나 약사사(藥師寺), 쿄토의 청수사(淸水寺)에서 열리고 있습니다.

4 오직 마음뿐, 바깥 사물은 존재하지 않는다

유식에서는 사물이나 현상은 나를 떠나 바깥에 따로 존재하는 것이 아니라 모두 내 마음에서 현현한 것이라고 주장합니다. 다시 말해 오직 마음뿐이며〔唯識〕, 바깥의 사물은 존재하지 않는다〔無境〕는 입장입니다. 이 입장은 바깥의 대상을 인정하는 우리들의 상식적인 입장과는 대립하는 것입니다. 그렇기 때문에 유식론자들은 이른바 유식무경을 상대방으로 하여금 인정하도록 해야 할 중요한 책무를 지게 됩니다. 즉 다른 사람에게 유식무경을 논증해야 하는 것입니다.

바깥의 대상을 부정하고 유식을 주장하는 것, 즉 유식무경에 대한 설명으로서 가장 잘 알려진 것은 물에 대한 비유입니다. 이것을 '일수사견(一水四見)의 비유'라고 합니다. 이 비유는 생물의 종류가 다르므로 동일한 대상도 다른 것으로 인식한다는 것을 밝힘으로써 '유식'을 나타내고자 하는 것입니다. 즉 동일한 물[대상]이 아귀에게는 고름 등의 더러운 물로, 물고기에게는 사는 장소[집]로, 사람에게는 음료나 목욕물로, 천인에게는 보석으로 가득 찬 연못, 즉 보엄지(寶嚴池)로 보인다는 것입니다. 이처럼 생물 각각의 아뢰야식에는 무한한 과거로부터 행한 행위[경험, 내력]가 종자로서 보존되어 있는데, 인식[지각]은 바로 그러한 과거의 내력에 크게 의존하고 있다는 것입니다.

일본 흥복사에 전해지는 '손뼉을 치면 물고기는 먹이를 주는 것으로 듣고, 새는 놀라서 도망치고, 여관에서 시중드는 여자는 손님이 차(茶)를 재촉하는 소리로 듣는다.'는 말도 인식[지각]이 얼마나 내력에 의존하고 있는가를 잘 보여 주는 예입니다. 다시 말해 손뼉을 치면 나는 동일한 소리를 물고기·새·시중드는 여자가 지금까지 각각 경험한 것[내력]을 바탕으로 '먹이를 주는 것', '위험이나 놀라움',

'차를 재촉하는 것'으로 인식한다는 것입니다. 이처럼 유식사상은 지극히 객관적이라고 생각하는 지각이나 인식이 얼마나 인식 주체자의 영향을 받고 있으며, 주관적인가를 일찍이 알고 있었던 것입니다.

세친보살이 저술한 『유식이십론』은 다음과 같이 '유식무경'을 논증하고 있습니다. 먼저 반대론자들은 유식무경에는 다음과 같은 네 종류의 의문이 생기한다고 주장합니다.

> 첫째, 만약 식(마음)에 외계의 대상이 없다면, 어떤 사물에 대한 인식은 왜 특정한 장소에서만 생기고 모든 장소에서는 생기지 않는가?
>
> 둘째, 또한 그 장소에서 인식은 어떤 특정한 때에만 생기고 항상 생기지 않는 것은 무엇 때문인가?
>
> 셋째, 실재하지 않는 아지랑이 등은 눈병에 걸린 사람에게만 생기지만, 다른 사람(눈병에 걸리지 않은 사람)에게는 생기지 않는다. 그에 반해 물질의 인식은 단지 한 사람에게만 생기는 것이 아니라 장소와 시간을 함께하는 모든 사람들의 마음에 생기는데 왜인가?
>
> 넷째, 눈병에 걸린 사람의 환각 또는 꿈에서 보았던 것 등

은 실제로 효용성을 가지지 못한다. 꿈에서 뱀에 물려 상처를 입었어도 깨어나서 보면 상처가 남는 것은 아니다. 그러나 깨어 있을 때에 인식된 것은 실제로 효용성을 가지고 있다. 이것은 어떻게 설명할 것인가?

첫 번째는 인식[지각]이란 장소가 한정되어 있다는 것에 기초한 의문입니다. 우리들의 상식으로는 사물이 외계에 실재하기 때문에 그 장소에 가야만 그곳에 있는 것을 보거나 만질 수 있다고 생각합니다. 그런데 유식에서는 모든 것은 마음에 의해 만들어졌으며 외계의 사물은 실재하지 않는다고 봅니다. 그렇다면 어디서나 자기 마음대로 보거나 들을 수 있기 때문에 장소가 한정되어 있다는 것은 성립할 수 없게 된다고 비난하는 것입니다.

우리들은 보통 사물이 실재하기 때문에 그곳에 가면 그것을 볼 수 있다고 생각합니다. 예컨대 불국사의 다보탑을 보고자 한다면 그 장소에 가지 않으면 결코 볼 수 없는 것입니다. 그런데 만약 마음속에 만들어진 다보탑을 본다고 한다면 어디에 있더라도 그것을 볼 수 있지만 현실은 그렇지 않다는 것입니다.

두 번째는 인식이란 시간에 한정되어 있다는 것에 기초한 의문입니다. 우리들은 같은 장소에 있더라도 특정한 시간밖에 볼 수 없다는 것을 경험합니다. 예를 들어 다보탑에 걸려 있는 보름달은 특정한 시간에만 볼 수 있는 것이지 언제나 볼 수 있는 것은 아닙니다. 이와 같이 외계에 다보탑이나 보름달이 실재하기 때문에 특정한 장소와 시간에 다보탑에 걸려 있는 보름달을 본다는 것이 가능합니다. 그런데 모든 것은 마음이 만들었다고 하는 유식의 입장에서는 보는 것 혹은 볼 수 없는 것은 외계의 조건에 좌우되지 않기 때문에 언제라도 볼 수 있으며 혹은 볼 수 없는 것이 되어버립니다. 그렇다고 한다면 시간이 결정되어 있다는 것은 성립할 수 없게 된다고 비난하는 것입니다.

첫 번째와 두 번째 의문에 대해 세친보살은 "식이 공간적·시간적으로 한정되어 생긴다는 것은 반드시 인식되어진 것이 외계에 실재하는 것을 전제로 하지 않는다."고 말합니다. 왜냐하면 꿈속에서는 실재하는 대상이 없음에도 불구하고 어떤 특정한 장소에서만 꽃밭이나 사람들이 보이며, 더구나 그 장소에서 언제나 보이는 것이 아니라 어떤 특정한 때에만 보이기 때문이라고 주장합니다.

다음은 동일한 장소나 시간에 있는 자들의 인식이 같다는 것에 기초한 의문입니다. 우리들은 동일한 장소와 시간에 있는 경우 모두 같은 것을 보고 있다고 생각합니다. 예를 들어 보름달이 떠 있는 밤 다보탑에 모인 사람들은 모두 동일하게 다보탑에 걸린 보름달을 봅니다. 반대론자는 이 경우 외계에 사물이 실재하여 보이는 대상이 같기 때문에 모두 동일하게 볼 수 있다고 주장합니다. 그런데 유식의 입장에서 보면 눈병이 있는 자에게 환영의 머리카락 등이 보이고 눈병이 없는 자에게 보이지 않는 것처럼, 어떤 사람에게 보름달이 보이더라도 다른 사람에게는 보이지 않고, 또 전혀 다른 대상이 보이게 된다는 주장이라고 비난합니다.

세 번째의 의문에 대해 세친보살은 "전생에 행한 행위〔업〕의 결과로 아귀(餓鬼)가 된 자들은 모두 한결같이 깨끗한 물이 흐르고 있는 강을 고름이나 오줌 또는 오물로 가득 찬 강이라고 생각하고〔인식하고〕, 실제로는 존재하지 않는 곤봉이나 검을 들고 감시하는 파수꾼〔옥졸〕을 인식한다. 따라서 인식이 한 사람의 마음에만 생기하는 것이 아니기 때문에 대상이 외계에 실재한다고 인정할 수 없다."고 말합니다. 물론 이것은 지옥을 인정하지 않는 현대인들을 위한 설명으로는 적절하지 않지만, 그 취지만은 알 수 있을 것입니다.

마지막으로 환영이나 꿈 등은 어느 것도 효용〔움직임〕이 없다는 것에 기초한 의문입니다. 눈병이 있는 자가 보는 머리카락, 꿈속의 음식물, 신기루의 간다르바성 등은 어느 것도 실재하지 않으며, 어느 것도 효용이 없습니다. 그러나 환영이 아닌 실재하는 것은 효용을 가집니다. 예를 들어 눈병이 있는 자가 보는 머리카락은 만질 수 없지만 현실의 머리카락은 만질 수 있습니다. 꿈에서 음식물을 마시거나 먹어도 갈증이나 허기를 해소할 수 없지만 현실의 음식물은 그것을 해소할 수 있습니다. 또한 환영인 간다르바성은 성으로서의 효용이 없지만 현실의 성은 성으로서의 효용을 가집니다.

그런데 만약 모든 것이 유식이라고 한다면 어떤 것도 효용이 없게 되어 버립니다. 그렇다고 한다면 환영이나 꿈이 아닌 것, 즉 현실적인 것에 효용이 있다는 것은 성립하지 않게 된다는 비난입니다. 다시 말해 반대론자는 외계가 실재하지 않는다고 보는 유식의 입장에서는 모든 것이 효용을 가지지 못한다고 말하는 것입니다.

네 번째의 의문에 대해 세친보살은 "꿈속에서 이성과 성관계를 하면 몽정(夢精)이 일어나는 것처럼 실재하지 않은 것에도 실제로 효용성은 나타난다."고 말하고 있습니다.

이처럼 세친보살은 반대론자인 외계실재론의 반론에 대해 하나하나 답변하고 있습니다. 물론 현실적으로 수용하기 어려운 점도 있습니다. 그러나 이러한 논쟁이 일어났다는 점에서 보면 그 당시의 사람들은 세친보살의 이러한 주장을 수긍하고 납득하고 있었다고도 볼 수 있을 것입니다.

유식무경에 대한 설명은 세친보살이 저술한 『유식이십론』에 자세하게 기술되어 있습니다. 『유식이십론』은 세친보살이 『유식삼십송』 등을 저술하기 전에 '유식무경'을 논증하기 위해 가장 먼저 편찬한 저작입니다. 유식무경에 대해 관심이 있는 분은 필자의 역서인 『유식불교, 유식이십론을 읽다』(효도 가즈오 지음, 예문서원, 2011)를 꼭 한번 읽어 보시기 바랍니다.

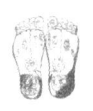

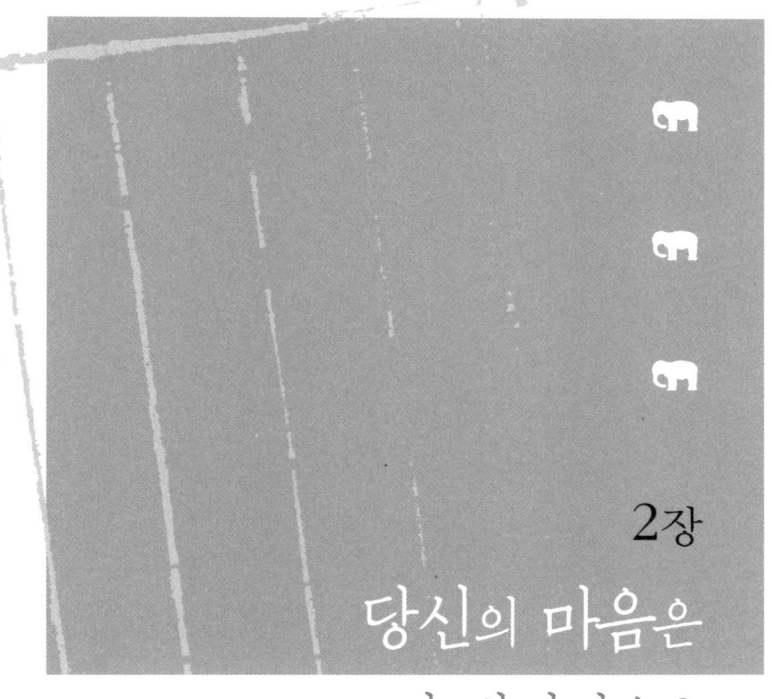

2장

당신의 마음은
몇 개인가요?

1 마음을 바꾸는 진리

요즈음 한국사회에 생명을 경시하는 풍조가 너무나 만연되어 있는 것 같습니다. 게다가 자연환경을 너무나 쉽게 파괴하고, 동물뿐만 아니라 사람을 함부로 해치거나 살해한다는 보도가 언론을 통해 끊임없이 흘러나오고 있습니다. 왜 이렇게 세상이 혼탁할까요? 이는 우리들의 시선이 밖으로 밖으로 향하고 있기 때문이라고 생각합니다. 즉 우리들의 시선이 내면[마음]으로 향하지 않고 외면, 다시 말하면 돈, 명예, 지위, 권력, 효용을 통해 행복을 구하고 있기 때문이라고 생각합니다. 마음의 충족함이 없이, 과연 외면적인 충족만으로 행복해질 수 있을까요?

　사람이 살아가면서 겪는 문제들로 인한 어려움을 해결하는 방법, 다시 말해 행복해지려면 크게 두 가지를 실천해야 한다고 필자는 생각합니다. 첫째는 나에게 어려움을 준 외부환경을 바꾸는 것입니다. 둘째는 자기의 마음을 바꾸는 것입니다. 예를 들어 오른손에 현금 1억 원을 가지고 있으며, 왼손에는 '마음을 바꾸는 진리'를 쥐고 있다고 합시다. 그중 하나를 선택하라고 하면 여러분들은 어떤 것을 선택하겠습니까? 아마도 대부분의 사람들은 현금 1억 원이 행복을 줄 것이라고 생각하겠죠? 그래서 대부분의 사람들은 돈을 선택할 것입니다. 그렇다면 돈이 많은 사람은 전혀 고통이나 어려움이 없어야 할 것입니다.

　그러나 그렇지 않다는 것을 우리는 너무나 잘 알고 있습니다. 또한 우리들은 로또에 당첨되거나 결혼을 하고 자식을 낳으면 행복할 것이라고 생각합니다. 그러나 로또에 당첨돼서 행복한 것은 2, 3년에 불과하다고 합니다. 오히려 나중에는 로또 때문에 더 큰 고통이 생긴다고 합니다. 게다가 결혼(또는 다른 외부 조건)으로 인한 행복은 5년 내지 6년에 불과하다고 합니다. 다시 말해 이것은 결혼생활이든 그 무엇이든 외부 조건이나 환경만으로 우리들은 결코 행복해질 수 없다는 것을 반증하는 것입니다.

지금부터 행복은 돈이나 권력에서 오는 것이 아니라는 것을 자각하여, 행복의 가장 중요한 요소인 마음으로 시선을 되돌려봅시다. 오래전에 인도에서 행복은 외부적인 조건이 아니라 내면에 있다는 것을 체득한 사람들이 있었습니다. 그들을 우리들은 유식학파 또는 유가행파라고 부릅니다. 이 요가의 수행자들은 깊은 수행을 통해 전혀 새로운 마음을 알아냈습니다. 그들은 인간의 마음속에 전오식〔안식, 이식, 비식, 설식, 신식〕이나 의식으로 이해할 수 없는 무언가 깊은 심층의 마음이 있다는 것을 직감했습니다. 그리고 수행을 통해 새로운 마음을 발견하였습니다. 그들은 그 발견한 심층의 마음을 우리들이 알 수 있게 문자로 표현하였는데, 그 마음을 아뢰야식, 말나식이라고 이름 붙였습니다.

지금부터 요가 수행자들이 발견한 새로운 마음을 하나하나 살펴보기로 하겠습니다. 아마 처음 접하는 단어들로 인해 이해하기 힘들다고 생각할지도 모르지만, 부처님의 가르침을 배운다는 마음으로 접근한다면 흥미와 인내심이 저절로 생길 것입니다. 이제 유식에서 말하는 마음에 대해 본격적으로 알아보겠습니다.

앞에서도 누차 강조했습니다만 유식에서는 존재하는 모든 것, 즉 아(나 자신)와 법(사물) 모두는 마음(식)이 변한 것이라고 합니다. 이것을 세친보살은 『유식삼십송』에서 식전변(識轉變, 식(마음)이 전변(변화)하다)이라는 말로 표현하고 있습니다. 그리고 이렇게 전변한 식을 '아뢰야식, 사량식(말나식), 요별경식(의식) 및 전오식'의 여덟 개로 나누어 설명합니다.

그런데 여기서 유의해야 할 것이 있습니다. 세친보살이 비록 식(마음)을 여덟 개로 나누고는 있지만 실제로 마음이 여덟 개 있다는 뜻은 아니라는 것입니다. 즉 어디까지나 마음은 하나이지만 그 하나인 마음을 수행을 통해 분석해 보니 여덟 개로 나눌 수 있다는 것입니다. 그중 간략하게 아뢰야식, 사량식(말나식), 요별경식(의식)이 어떤 마음인지 간단하게 정의하겠습니다.

먼저 아뢰야식이란 '인간이 행한 결과를 종자로써 저장하는 마음'입니다. 다시 말해 우리가 어떤 행위를 하든지 그 행위는 종자가 되어 아뢰야식에 차곡차곡 저장되어 우리의 삶에 영향을 미치는 것입니다.

사량식은 '생각하고 헤아리는 마음'입니다. 구체적으로 무엇을 생각하고 헤아리는 마음일까요? 언제나 자기중심적으로 생각하고 헤아리는 마음입니다. 이 사량식(말나식)은 언제, 어디서나 즉 착한 일을 하든지 나쁜 일을 하든지, 잠을 자든지 깨어 있든지 오로지 자기 위주로 생각하는 마음입니다. 적절한 표현이 될지 모르겠지만, 말나식(사량식)은 아주 이기적이고 자기중심적인 마음입니다. 그런데 아뢰야식과 말나식은 우리들의 의식, 즉 마음으로는 알아차릴 수 없는 심층의 마음입니다.

반면 우리들이 일반적으로 마음이라고 부르는 '요별경식(의식)'은 바깥의 대상을 감각기관을 통해 사색(요별)하는 마음입니다. 감각기관이란 바로 안근·이근·비근·설근·신근의 오감을 말합니다. 이 오감을 통한 마음의 작용을 오식(五識) 또는 전오식이라고 합니다. 결국 의식은 우리들의 감각기관(오감)에 제약을 받는 마음입니다.

예를 들어 우리들은 똑같은 사항, 즉 똑같은 신문을 봐도 그 사람의 경험이나 지식에 따라서 읽는 기사 내용이 전혀 다릅니다. 만약에 그 사람이 경제에 관심이 있으면 경제면을 먼저 보고, 정치에 관심이 있으면 정치면을 먼저 보고, 사회에 관심이 많으면 사회면을 먼저 보게 됩니다. 게다가 사회면을 보더라도 흉악한 범죄나 사건·사고를 먼저 보는 사람이 있는가 하면, 조그마하게 귀퉁이에 단편기사로 실려 있지만 훈훈한 미담을 먼저 보는 사람도 있습니다. 이런 역할을 해 주는 것이 의식입니다. 이처럼 의식〔요별경식〕은 감각기관에 한정되거나 구속되는 마음입니다.

그럼 이제부터 아뢰야식이 어떤 마음인지 구체적으로 살펴보겠습니다.

2 심층의 마음, **아뢰야식**

■ 모든 행위를 저장하는 마음

아뢰야식은 도대체 어떤 기능을 가진 마음일까요? 그 구체적인 작용을 하나하나 살펴보도록 하겠습니다. 먼저 무엇 때문에 아뢰야식이라고 불리게 되었는지부터 살펴보겠습니다.

앞서 잠시 언급했듯이 아뢰야식이란 현재 내가 행한 행위의 결과물인 종자(種子)를 저장하는 마음입니다. 다시 말해 아뢰야식은 저장의 기능이 강한 마음입니다. 이것은 아뢰야식의 문자적인 의미를 살펴보면 보다 확실해집니다. 아뢰야식은 '아뢰야'라는 말과 '식'이라는 말로 이루어진 합성어입니다. 여기서 '아뢰야'란 '저장하다'라는 뜻의 범어 '아라야(ālaya)'를 중국 발음대로 적은 것, 즉 음사한 것입니다. 그리고 '식(識)'이란 범어 '비쥬냐냐(vijñāna)'를 번역한 것으로 '둘(주관·객관)로 나누어 알다'는 뜻입니다. 이렇게 보면 식은 우리들이 일반적으로 생각하는 '마음'이라고 해도 크게 틀리지 않을 것입니다. 현장스님은 아뢰야식을 저장할 장(藏)과 알 식(識), 즉 장식 또는 집 택(宅)과 알 식(識), 즉 택식(宅識)으로 한역하였습니다. 그래서 영어로 'store consciousness'라고 번역합니다.

아뢰야식은 우리들 행위의 결과인 모든 종자를 저장하는 마음입니다. 다시 말해 나쁜 행위든 좋은 행위든 모두 저장하며, 게다가 착한 일을 하든 나쁜 일을 하든, 자고 있든 깨어 있든 언제나 활동을 계속하는 심층의 마음입니다. 그런데 이 아뢰야식에는 능동적인 측면과 수동적인 측면이 있습니다.

아뢰야식의 능동적 측면이란 아뢰야식이 행위의 결과인 종자를 보존하고 유지하는 측면을 말합니다. 다시 말하면 아뢰야식이 행위의 결과물인 종자를 품어, 그 종자를 계속해서 유지·보존하는 측면을 말합니다. 여기서 아뢰야식이 우리들 행위의 결과물인 종자를 품는 주체라고 한다면 종자는 아뢰야식에 품어지는 객체(대상)가 됩니다. 이것을 능동적인 측면(작용하는 쪽)과 수동적인 측면(작용 받는 쪽)으로 나눈다면 아뢰야식이 능동적인 측면이고, 종자는 수동적인 측면이 되는 것입니다. 유정, 즉 인간은 자신의 소질·능력·경험을 인격의 근저(아뢰야식)에 새겨 계속해서 보존합니다. 그리고 아뢰야식에 보존·유지되고 있는 종자를 바탕으로 다양한 인생의 상황을 전개합니다.

반면 아뢰야식의 수동적인 측면은 아뢰야식이 수동적인 것으로 전환한 측면을 말합니다. 다시 말해 작용하는 측면, 즉 능동적인 측면에 있는 것은 일곱 가지 식(안·이·비·설·신의 전오식과 제6 의식, 말나식)이고, 수동적인 측면에 있는 것은 아뢰야식입니다. 좀 더 구체적으로 말하면 지금 활동하는 말나식이나 의식은 그 움직임의 결과물인 종자를 전부 인격의 심층(아뢰야식)으로 던져 넣습니다. 즉 말나식이나 의식이 능동적인 입장에 서게 되는 것입니다. 반대로 아뢰야식은 말나식과 의식으로부터 던져지는 종자를 받아들이는 위치, 즉 수동적인 측면에 있게 됩니다. 이처럼 던져지는 것을 종자라고 하고, 그것을 받아들여 인격의 근저에 머물게 하는 것을 아뢰야식에 종자가 훈습(薰習)된다고 합니다. 훈습에 대해서는 나중에 다시 자세하게 설명하겠습니다. 이처럼 아뢰야식은 능동적인 측면이든 수동적인 측면이든 저장의 측면이 강한 마음입니다.

■ 과거와 미래에 관여하는 마음

● 이숙식

아뢰야식은 이숙식(異熟識) 또는 일체종자식(一切種子識)이라고도 합니다. 다시 말해 아뢰야식은 저장의 측면만이 아니고 이숙의 측면과 일체종자적인 측면을 가진 마음이라는 것입니다.

먼저 이숙식에 대해 설명하겠습니다. '이숙'이란 '이전의 원인과 나중의 결과가 다르게 성숙한다[익는다]'는 뜻입니다. 여기서 이전의 원인이란 과거의 행위이고, 성숙한 결과는 아뢰야식을 말합니다. 이것을 어려운 말로 표현하면 '인시선악 과시무기(因是善惡 果是無記)'라고 합니다. 과거의 행위(원인)는 선이나 악이지만, 결과로 생긴 아뢰야식은 선도 악도 아닌 무기라는 뜻입니다. 다시 말해 선악에 대한 인간의 행위가 원인이 되어 그 사람의 인격은 형성되지만, 그 결과로 결실한 자기, 즉 현재의 자기는 '무기(無記)'라고 하는 것입니다. '무기'라는 것은 선인지 악인지 나타낼 수 없는 것을 말합니다. 즉 선도 아니고 악도 아니기 때문에 현재의 자기는 선악 어느 쪽도 아니라는 것입니다.

그렇다면 무엇 때문에 아뢰야식은 무기일 수밖에 없을까요? 만약 '인간의 마음이 선하다고 한다면 선한 마음에서 어떻게 악이 일어날 수 있으며, 반대로 인간이 근본적으로 악하다고 한다면 선한 행위의 근거는 어디에서 찾아야 하는가?' 하는 의문이 생길 수밖에 없습니다. 그러므로 이 의문에 답하기 위해서는 아뢰야식은 선악 양쪽의 가능성을 가진 무기일 수밖에 없다는 것입니다. 만약 인간이 본래 선악의 성질을 가졌다고 한다면, 선과 악 또는 회심과 타락 등의 서로 모순되는 행위를 설명하기가 어렵습니다. 이처럼 인간을 과거와의 관계 속에서 파악한 것을 '이숙식'이라고 합니다.

앞에서 아뢰야식은 선이나 악으로 나타낼 수 없는 무기라고 했는데, 보다 구체적으로 말하면 아뢰야식은 무기 중에서도 무부무기(無覆無記)에 해당합니다. '무부'란 없을 무(無), 덮을 부(覆) 자이기 때문에 '무엇을 덮는 것이 없다'라는 의미입니다〔일반적으로 '덮을 복' 자로 읽습니다만, 유식에서는 '덮을 부'로 읽습니다〕. 다시 말해 우리들의 무색한 마음을 덮거나 깨달음으로 나아가는 데 장애나 방해하는 것이 없다는 뜻입니다.

반면 말나식은 유부무기입니다. '유부(有覆)'란 있을 유(有), 덮을 부(覆) 자이기 때문에 무색한 마음을 덮거나 깨달음으로 나아가는 데 방해나 장애가 있다는 것입니다. 다시 말해 아뢰야식과 말나식은 가치론적으로 말하면 선도 악도 아닌 무기인데, 그중에서 아뢰야식은 무부무기, 말나식은 유부무기라는 것입니다.

● 일체종자식

또한 아뢰야식은 일체종자식의 기능을 가진 마음이라고도 합니다. 앞에서도 잠시 언급했지만, 아뢰야식은 말나식이나 의식으로부터 던져지는 종자를 받아 보존하고 유지하는 마음입니다. 이것을 훈습한다고 합니다. 이것을 조금 어려운 말로 현행훈종자(現行熏種子)라고 합니다. 그리고 아뢰야식 안에서 종자가 성장 변화하는 것을 종자생종자(種子生種子)라고 합니다. 또한 아뢰야식 안에 훈습된 종자는 조건이 맞으면 구체화되어 말나식이나 의식으로 나타납니다. 즉 현행하게 됩니다. 이것을 종자생현행(種子生現行)이라고 합니다. 다시 말해 유식에서는 우리들의 모든 행위는 아뢰야식에 보존되어 있는 종자로부터 생기하며, 나 자신뿐만 아니라 세계도 모두 자신으로부터 나왔다고 봅니다. 이처럼 일체종자식은 아뢰야식의 작용 중에서 미래와 관계하는 마음의 기능을 담당하고 있습니다.

앞서 언급했듯이 현재와 관계하는 아뢰야식, 과거와 관계하는 이숙식, 미래와 관계하는 일체종자식의 세 가지 기능을 가진 마음이 아뢰야식입니다. 다시 말하면 아뢰야식에 축적된 것은 과거의 모든 경험, 현재와 미래를 만들어 내는 일종의 힘〔에너지〕입니다.

다시 한 번 더 노파심에서 말씀드립니다만, 아뢰야식은 영원불변하는 자아〔마음〕가 아니라 찰나멸하는 존재라는 사실을 반드시 기억해야 합니다. 이것을 『유식삼십송』에서는 '아뢰야식은 폭류와 같이 변화한다.'라는 말로 표현합니다. 강물을 보면 마치 언제나 흐르고 있는 '물'이 있다고 생각하기 쉽습니다만, 사실 강물은 한 방울 한 방울의 물로 구성되어 있습니다. 우리들의 눈이 강물을 연속체로 착각한 것뿐입니다. 다시 말해 찰나멸적으로 생멸을 반복하는 불연속의 연속으로서 물이 있을 뿐입니다. 아뢰야식도 흐르는 강물[폭류]과 같이 영원불변하는 존재가 아니고, 찰나멸을 반복하는 불연속의 연속으로서의 마음이 있을 뿐입니다. 그래서 아뢰야식을 격렬하게 흐르는 폭류에 비유한 것입니다.

■ 업 그리고 종자와 훈습

잠시 아뢰야식을 이해하기 위해 알아두면 도움이 될 용어, 두 가지를 설명하고 넘어가겠습니다. 여러분들도 잘 알고 계시겠지만, 부처님의 가르침 중에 업(業)이라는 것이 있습니다. 업이란 요즈음 말로 '행위[karma]'라고 번역할 수 있습니다. 부처님은 행위[업]를 세 종류, 즉 신체를 통한 행위의 신업, 말이나 입을 통한 행위의 어업(구업), 생각 또는 마음을 통한 행위의 의업으로 나누어 설명합니다. 유식에서는 몸으로 좋은 일을 하든 나쁜 일을 하든, 남에게 좋은 말을 하든 남에게 나쁜 말이나 거짓말을 하든, 혼자서 좋은 생각을 하든 나쁜 생각을 하든 행위한 모든 것(세 가지 업)은 모두 아뢰야식에 저장된다고 합니다. 앞에서 설명했듯이 이것을 '종자(種子)'라고 합니다. 그런데 종자라고 해서 마치 식물의 씨앗과 같은 것으로 착각해서는 곤란합니다. 종자라는 말은 어디까지나 우리들이 행위한 여운이며, 이것은 새로운 행위를 생기게 하는 힘이라는 사실을 잊어서는 안 됩니다.

종자라는 말은 범어 '비자(bīja)'의 한역으로, 식물의 씨앗을 가리키는 상징적인 표현입니다. 아뢰야식은 땅에 비유한 것이고, 우리들이 행한 행위 결과를 종자, 즉 식물의 씨앗에 비유한 것입니다. 보다 구체적으로 말하면 식물의 종자는 땅(아뢰야식) 속에 묻혀 있어 우리들의 눈에는 보이지 않지만 적당한 온도·물·햇빛 등 조건이 갖추어지면 잎을 내고 꽃을 피우거나 열매를 맺듯이, 우리도 자신의 경험을 아뢰야식에 보존하고 있다가 조건이 갖추어지면 행위로써 표면에 나타나게 된다는 것입니다. 이처럼 아뢰야식에 보존된 경험의 축적을 종자라고 합니다.

아마 여러분들 중에도 평소에는 아무 일 없다가 싫어하는 특정한 사람을 만나면 분노하거나, 직장이나 학교에서 라이벌을 만나면 갑자기 질투심이 끓어오르는 것을 경험한 적이 있을 것입니다. 바로 이 현상이 마음[아뢰야식]에 잠재적인 힘으로 저장되어 있던 종자가 적당한 조건이나 상황을 만나 의식으로 표출된 것이라고 할 수 있습니다.

그런데 세친보살의 『유식삼십송』에 대한 해설서인 『성유식론』에서는 이러한 종자를 '본식[아뢰야식] 중에서 친히 결과를 생기시키는 공능[本識中親生自果功能]'이라고 주석하고 있습니다. 여기서 주목할 것은 '공능(功能)'이라는 말입니다. 공능이란 범어 '샥티(śakti)'의 번역으로 '힘' 또는 '작용' 등의 의미가 있습니다. 따라서 공능을 '결과를 생기시키는 힘' 또는 '결과를 창출하는 작용'이라는 것으로 해석할 수 있습니다. 그러나 앞서 언급했듯이 종자라는 말 때문에 식물의 씨앗과 같은 물리적인 힘을 연상해서는 안 됩니다. 종자는 어디까지나 정신적인 '힘', '활동', '에너지'를 말합니다. 선한 행위를 하면 인격의 근저에 선한 행위가 축적되어 점차 선한 행위를 생기시키는 힘이 강한 인격으로 되어 가는 것입니다. 반면에 악한 행위를 하면 인격의 근저에 악한 행위가 축적되어 점차 악한 행위를 생기시키는 힘이 강한 인격으로 되어 가는 것입니다. 이렇듯 인간은 어떤 종자(힘)가 축적되는가에 따라 선인이 되기도 하고 악인이 되기도 하는 것입니다.

종자가 아뢰야식에 축적되는 것을 훈습(薰習)이라고 합니다. 훈습이란 '보존하다, 두다, 머무르다'라는 뜻의 동사 √vas(바스)로부터 파생한 '바사나(vāsanā)'의 번역입니다. 훈습이란 경험한 모든 것이 인격의 근저(아뢰야식)에 축적되는 것을 말합니다. 다시 말해 반복해서 한 행위의 결과가 점차 쌓이는 것을 말합니다. 그리고 반복적으로 행한 행위의 결과가 점차 훈습되는 장소는 아뢰야식입니다. 너무 어려운 말이라 조금 혼란스러워 하는 분도 있을 것 같아 비유를 하나 들어 설명하겠습니다.

절이나 성당에 장시간 머물면 향내음이 자기도 모르는 사이에 옷에 스며듭니다. 또는 코트를 입고 새벽에 안개 속을 걸으면 코트가 자기도 모르는 사이에 촉촉하게 젖는 것을 경험하게 됩니다. 이처럼 훈습이란 언제부터인지 알 수도 없고 또 명확하지도 않지만 확실하게 우리들의 인격 속에 침투하고 우리들의 인격과 세계를 형성하는 것을 말합니다. 즉 인격의 근저〔아뢰야식〕에 새로운 경험이 쌓이는 것에 의하여 인격이 새롭게 되며 또한 자기를 생기시키는 것입니다.

■ 습기

중국인들은 범어 '바사나(vāsanā)'를 습기(習氣)라고 번역하기도 하는데, 표층적인 행위가 심층의 마음인 아뢰야식에 영향을 남기기 때문에 그렇게 번역하였습니다. 습(習)이란 본래 '반복하다 · 익히다'라는 의미로, 어미 새의 날아오르는 모습을 보고 새끼 새가 날갯짓〔羽〕을 수없이 반복하는 것〔白〕을 말합니다. 이처럼 반복적으로 행한 행위가 심층의 마음에 심어진 기분(氣分)을 습기라고 합니다. 습기에는 명언습기〔명언종자〕, 등류습기, 이숙습기〔업종자〕 등이 있습니다.

먼저 명언습기(名言習氣)란 명언〔말, 언어〕이 우리들의 인격 속에 반복해서 축적되어 간다는 뜻입니다. 우리들은 언어에 의지하여 사물을 보고 듣고 생각하고 판단합니다. 다시 말해 우리들은 사물을 순수한 감각기관을 통해 보기도 하고 듣기도 하여 인식할 뿐만 아니라 자신이 사용하는 언어를 통해 사물을 생각하기도 하고 인식하기도 합니다. 게다가 '언어'는 의미를 가진 것입니다. 그리고 의미를 가진 언어는 가치관·문화 등을 내재하고 있기 때문에 언어를 기억한다는 것은 그 사람만의 독특한 가치관·문화 등을 축적해 가는 것이기도 합니다. 그리고 축적된 가치관·문화 등은 그 사람의 인격을 형성하며, 그 사람의 생각이나 행동을 규정합니다. 따라서 우리들의 인격 근저에 축적되는 것이 다르기 때문에 우리들은 사물에 대한 관점이나 느낀 점도 전혀 다릅니다.

예를 들어 보겠습니다. 예부터 한국인은 더운 여름철에 개고기를 먹는 민족입니다. 이런 한국의 음식문화에 대해 서양의 일부 사람들은 야만적이라고 비난합니다. 그렇다면 한국인은 왜 개고기 먹는 것을 음식문화라고 생각할까요? 더불어 일부의 서양인들은 왜 개고기 먹는 사람은 야만인이고 달팽이나 거위를 먹는 사람은 문화인이라고 생각하는 것일까요?

또 다른 예를 들어보겠습니다. 인도인(힌두교도)은 갠지스 강을 신성한 것으로 생각합니다. 그래서 신성한 갠지스 강에 들어가 목욕도 하고 강물로 입을 씻기도 합니다. 그러나 힌두교도가 아닌 외국인에게 갠지스 강물은 단지 더러울 뿐입니다. 어째서 인도인에게 갠지스 강의 강물은 신성한 것으로 보이고, 외국인에게 갠지스 강물은 더럽게 보일까요?

그 이유를 유식학적으로 설명해 보겠습니다. 축적된 문화, 즉 언어에 의해 축적된 관념이나 가치관이 다르기 때문에 동일한 강물에 대해 인도인은 신성한 것으로 생각하고 외국인은 더러운 강물로 생각하는 것입니다. 이처럼 언어에 의해 축적된 관념이나 가치관을 유식에서는 명언습기라고 합니다.

등류습기(等類習氣)에서 등류라는 것은 '원인(因)과 결과(果)가 닮다'라는 의미로, 원인과 결과의 성질이 동일한 습기를 말합니다. 예를 들어 내가 선한 행위를 하고, 그 선한 행위에 의해 훈습된 종자(원인)가 선한 성질이면 결과도 선한 행위로 나타난다는 것입니다. 그래서 선한 행위가 훈습

되면 도중에 악으로 변화되지 않습니다. 이것을 등류습기라고 합니다.

다음은 이숙습기(異熟習氣)입니다. 이숙이란 다를 이(異), 익을 숙(熟) 자이기 때문에 '다르게 익다〔성숙하다〕'는 의미입니다. 따라서 이숙습기는 등류습기와는 달리 원인과 결과의 성질이 다른 습기를 말합니다. 다시 말해 원인이 선악이면 결과도 선악으로 나타나야 하는데, 그와 달리 원인은 선악이지만 결과는 선도 악도 아닌 무기라는 것입니다. 이미 언급했습니다만, 이것을 '인시선악 과시무기'라고 합니다. 만약 등류습기처럼 선한 행위〔습기〕에 의해 그 사람의 인격이 선이 되고 악한 행위에 의해 악이 된다고 한다면, 착한 사람이 나쁜 사람으로 변화되거나 나쁜 사람이 착한 사람으로 개과천선하는 이유를 설명할 수 없습니다. 따라서 현재의 자기〔결과〕는 선도 악도 아닌 무기일 수밖에 없습니다. 이런 종자를 이숙습기 또는 업종자(業種子)라고 합니다.

3 나 자신만을 사랑하는 마음, **말나식**

■ 이기적이고 자기중심적인 마음

다음은 말나식입니다. '말나'는 범어 '마나스(manas)'를 음사한 것으로 '사량하다·생각하다'는 의미입니다. 앞서 아뢰야식을 설명할 때 말한 것처럼, '식'은 마음과 같은 의미입니다. 그러므로 말나식은 '사량(생각)하는 마음'이라는 뜻입니다. 좀 더 구체적으로 말하면 말나식은 '자아(자기)를 무조건적으로 사랑하는 마음'입니다.

자기를 사랑하는 방식은 다를지 몰라도 모든 인간은 자

신을 사랑합니다. 인간이 자기를 사랑하는 것은 너무나 자연스러운 행동입니다. 그래서 우리들은 자기에게 얽매이고 자기중심으로만 사량(사고)합니다. 이처럼 우리들은 오로지 자기에게만 관심을 갖고 타인에게는 관심이 없습니다. 바로 이런 역할을 하는 마음이 말나식입니다. 이런 말나식은 자기중심적으로만 사량하기 때문에 깨달음에로 나아가는 데 방해가 되는 마음이기도 합니다.

『성유식론』에서는 '말나식은 어떻게 자아를 사량하는가?'라는 물음에 '항심사량(恒審思量)'한다고 주석하고 있습니다. 먼저 글자의 의미부터 설명하겠습니다. '항(恒)'이란 항상 항(恒) 자이기 때문에 '언제나·항상'이라는 의미입니다. 그래서 말나식은 잠을 자거나 깨어 있거나 착한 일을 하거나 나쁜 일을 하거나 언제나 자아 중심적으로 사량하는 마음이라는 것입니다. 그리고 '심(審)'이란 '매사를 집요하게 생각한다'는 뜻입니다. 다시 말해 무슨 일을 하든지 깊고 깊은 심층에서 언제나 집요하게 자아에 집착한다는 것입니다.

예를 하나 들어 보겠습니다. 여러분들이 어느 날 육교를 건너가고 있다고 가정해 봅시다. 그때 마침 초라한 한 노인이 구걸을 하고 있었습니다. 불쌍한 마음이 들어 그 노인에게 오백 원짜리 동전을 보시했습니다. 그런데 위에서 말한 것은 통상적인 마음의 작용(의식)으로 알아차린 것입니다. 다시 말해 우리들의 의식으로 생각하면 노인이 불쌍했기 때문에 오백 원을 보시한 것입니다. 그렇지만 마음 깊은 곳에서는 말나식이 은밀하게 작용하고 있었습니다. 사실은 그 노인이 불쌍해서 보시를 한 것이 아니라 내 자신의 기쁨을 위해 보시를 했다는 것입니다. 왜냐고요! 내 의식으로는 알아차릴 수 없지만 심층의 어딘가에서 '내 자신의 기쁨, 내 자신의 만족'을 위해 보시했다는 것입니다.

사실 우리는 누군가를 위해 물질적이든 정신적이든 도와주고 나면 뿌듯하고 기분이 좋아집니다. 왜 기분이 좋고 뿌듯할까요? 바로 깊은 내면의 자기만족, 자신의 기쁨이 도사리고 있기 때문입니다. 이처럼 의식으로는 알아차릴 수 없지만 착한 일을 하든지 나쁜 일을 하든지 매사에 자기 위주로 생각하는 마음이 말나식입니다. 그렇지만 이 말나식은 나쁜 마음이 아닙니다. 앞에서 설명했듯이 선도 악도 아닌 '무기', 특히 유부무기입니다. 요즈음 말로 하면 '더러운 마음'이라고나 할까요! 그래서 말나식을 더러운 마음이라는 뜻의 '염오의(染汚意)'라고도 합니다.

■ 내 입장에서 판단하고 잣대질하다

말나식은 모든 것을 자기중심적으로 생각하는 '사번뇌'의 심소, 즉 아치·아견·아만·아애와 늘 함께 작용합니다. 보다시피 대표적인 번뇌인 치·견·만·애에 자기를 중심으로 생각하는 '나 아(我)'자가 붙어 있습니다. 물론 말나식과 늘 함께 작용하는 심소[마음의 작용]에는 사번뇌 이외에도 14개나 더 있습니다만, 여기서는 먼저 사번뇌에 대해 설명하겠습니다.

◉ 아치
아치란 나 아(我) 자와 어리석을 치(癡) 자로 이루어진 말이기 때문에 '나 자신에 대해 어리석다'는 뜻입니다. 구체적으로 말하면 본래 나의 자아는 공이고, 무상이며, 무아임에도 불구하고 그것을 알지 못하기 때문에 어리석은 존재라는 것입니다. 쉽게 말하면 자신의 본래 모습을 알지 못하는 것, 즉 무명(無明), 무지(無知)하다는 것입니다.

불교에서는 존재하는 모든 것〔자아와 사물〕은 공이라고 합니다. 그래서 『반야심경』에서는 '오온개공'이라고 했습니다. 오온이란 인간을 구성하는 하나의 색〔물질, 육체〕과 네 개의 정신작용인 수·상·행·식을 말합니다. 구체적으로 말하면 바로 인간 자신을 말합니다. 인간 즉 내 자신은 오온으로 구성되어 있고, 그 오온은 공이라고 하는 것입니다.

그런데 왜 오온〔인간〕이 공일까요? 왜냐하면 오온〔인간〕은 인연생기(因緣生起)하는 존재, 즉 연기적 존재이기 때문입니다. 다시 말해 스스로 존재하지 않고 다른 것에 의존해서 존재하는데 어떻게 자기의 본질〔실체〕이라는 것이 있을 수 있겠습니까! 그래서 연기적 존재〔공〕는 자성이 없다는 것〔無自性〕입니다. 그리고 공이란 다른 말로 하면 무아이기도 합니다. 무아(無我)란 모든 것은 스스로 존재하지 않으며 다른 것에 의지하여 존재〔연기〕하기 때문에 자기의 본질〔자성〕이 없다는 것입니다. 그 때문에 동시에 무상(無常), 즉 존재하는 모든 것은 영원한 것은 없고 시시각각으로 변화하는 것입니다.

이처럼 아치란 공·무상·무아의 존재인 자기의 진실

한 모습을 알지 못한다는 뜻입니다. 자신에 대해 바르게 알지 못하고, 그것에 집착하기 때문에 언제나 괴로움에 빠져 번뇌에 허덕이는 것입니다.

◉ 아견
우리들은 많은 조건〔인연〕에 의해 유지되는 존재이지만, 그것을 알지 못하고 허위의 자아를 구상하고 고정화하거나 실체화하여 그 자아〔자신〕에 집착합니다. 이것을 아견(我見) 내지 아집(我執)이라고 하며 또는 음사하여 살가야견(薩迦耶見)이라고도 합니다. 우리들은 무언가 나라고 하는 실체가 있다고 생각합니다. 또한 그렇게 사는 것이 내 삶을 유지하는 데도 편리합니다. 그렇지만 『반야심경』에서도 밝히고 있듯이, 나라고 하는 실체는 없는 것, 즉 존재하는 모든 것은 공한 것〔오온개공〕입니다.

◉ 아만
아만이란 타인과 자신을 비교하여 상대를 경시하고 멸시하는 만심입니다. 이 만심은 좀처럼 알아차리기 힘든 것입니다. 왜냐하면 자기도 모르는 사이에 상대를 경시하고 자기를 높이는 심소이기 때문입니다. 게다가 자신에게 만심이 있다는 것을 알아차리고 수행을 통하여 만심을 없애면 이번에는 만심을 제거했다는 또 다른 만심이 생기합니다. 이처럼 만심이 없어지더라도 또 다른 만심이 끊임없이 기다리는 것입니다. 그래서 만심은 가장 제거하기 힘든 번뇌라고 합니다. 만심에 대해서는 번뇌의 심소를 설명할 때 더 자세하게 살펴보겠습니다.

● 아애
아애(我愛)란 무조건적으로 오로지 자기만을 계속해서 사랑하고 집착(愛着)하는 마음의 작용입니다. 자기만을 사랑하고 집착하기 때문에 아탐(我貪)이라고도 합니다.

사번뇌 중에서 번뇌의 중심이 되는 것은 '어리석다'는 의미인 '치(癡)'입니다. 왜냐하면 자기 자신에 대해 모르는 것이 모든 번뇌의 시작이기 때문입니다. 자아의 본질에 대해 우치(愚癡)하기 때문에 자아는 인연에 의해 지탱되고 있는 존재라는 사실을 알지 못하고 허위의 자아상을 구상하여 고정화·실체화하는 아견이 생깁니다. 그리고 아견에 집착하기 때문에 아만이 일어나고, 아치·아견·아만이 생기하므로 자기에게 애착하는 아애가 생기하는 것입니다.

■ 현재 있는 장소에 구속되는 마음

말나식은 자기가 생존하는 장소에 구속되는 마음입니다. 다시 말하면 말나식은 스스로 언제나 자기가 태어난 곳인 아뢰야식을 대상으로 삼아 '자아'라고 집착하는 마음입니다. 즉 말나식은 스스로 태어난 곳인 아뢰야식에 구속된다는 것입니다. 모든 중생은 자신이 태어난 곳, 예를 들면 욕계에 태어나면 욕계에 구속되고, 지옥에 태어나면 지옥에 구속됩니다. 이처럼 우리들도 자신이 태어난 곳에 구속됩니다.

직장생활을 하는 사람들의 예를 들어 설명해 보겠습니다. 보통 사람들은 주임이나 대리였을 때는 주임이나 대리의 아집을 가지고 업무를 보고 직장생활을 성실히 수행합니다. 그러나 세월이 흘러 과장이나 부장이 되었을 때는 과장이나 부장의 아집을 가지고 업무를 보고 직장생활을 합니다. 다시 말해 과장이나 부장이라는 자신이 맡은 직책

(사는 장소)에 구속되어 생활한다는 것입니다.

사실 제 자신도 '현재 내가 위치한 장소에 구속되는 존재'라는 것을 자주 경험하곤 합니다. 제가 직접 경험한 사실을 예를 들어 보겠습니다. 제가 근무하는 대학 입구는 도로가 좁습니다. 그럼에도 불구하고 가게들이 많아 늘 혼잡합니다. 게다가 도로 양쪽에 자동차들이 주차되어 있기 때문에 출퇴근 시간에는 매우 복잡합니다. 그런데 아침 강의시간에 쫓겨 어쩌다 차를 몰고 가면 보행하는 학생들(보행자)과 필자(운전자) 사이에 한바탕 실랑이가 벌어집니다. 제가 뒤에서 아무리 경적을 울려도 학생들은 길을 비켜주지 않습니다. 이것을 반복하다 보면 아침부터 기분을 상하게 됩니다. 그런데 이번에는 여유가 있어 걸어가는 보행자가 되면 사정은 완전히 달라집니다. 대학 입구의 좁은 도로 양쪽에는 주차한 차가 있어, 필자뿐만 아니라 보행자들은 첫 시간 강의에 늦지 않기 위해 빠르게 도로 중앙을 걸을 수밖에 없습니다. 그러면 운전자는 경적을 울리면서 길을 비켜달라고 합니다. 그렇지만 양쪽에 주차된 자동차 때문에 제 자신을 포함해 보행자는 비킬 수가 없습니다. 그래서 보행자는 경적을 무시하고 계속 도로 중앙을 걷게 됩니다. 이렇게 되면 운전자는 운전자대로 보행자에게 화가 나고, 보행자는 보행자대로 화가 납니다. 그리고 그때부터 필자는 어제의 운전자 입장은 까맣게 잊고 보행자의 입장에서 "아침부터 왜 지랄이야!" 하며 운전자뿐만 아니라 내 자신이 듣기에도 민망한 아주 심한 욕설을 합니다.

이처럼 인간은 누구나 자기가 처한 입장에 따라 사태를 파악하고 해석합니다. 다시 말해 우리들은 철저하게 자신이 처한 장소에 구속을 받는 존재라는 것입니다. 이처럼 우리들은 말나식의 입장, 즉 철저하게 자기의 입장에서 세상을 판단하고 잣대질하며 살아가는 것입니다. 이런 역할을 하는 바로 이기적이고 자기중심적인 마음이 말나식입니다.

우리들이 살고 있는 삶의 현장을 한번 둘러보십시오. 모두들 얼마나 이기적으로 살고 있습니까! 말나식 때문에.

4 표층의 마음, 의식

■ 감각기관에 한정되는 마음

다음은 의식입니다. 의식은 인간의 경험이나 행위를 종자로 저장하는 아뢰야식과 모든 것을 자기중심적으로 생각하는 말나식과 구별되는 마음입니다. 구체적으로 의식은 안식·이식·비식·설식·신식의 전오식과 제6 의식을 말합니다. 이 식(마음)은 각각의 대상을 인식하는 마음입니다. 그래서 세친보살은 의식을 '별도로 대상(別境)을 인식(了)하는 마음(識)', 즉 요별경식(了別境識)이라고 하였습니다. 구체적으로 안식은 안근을 매개로 색경, 이식은 이근을 매개로 성경, 비식은 비근을 매개로 향경, 설식은 설근을 매개로 미경, 신식은 신근을 매개로 촉경, 의식은 의근을 매개로 법경을 각각 대상으로 삼습니다. 그래서 오근이 각각의 오경을 파악하는 것을 전오식이라고 합니다. 반면 의식은 감각기관인 의근(意根)을 바탕으로 대상〔법경〕을 종합하여 판단 사유하는 마음입니다.

앞에서 잠시 언급했듯이 의식은 자신의 감각능력에 의해 인식범위가 한정되는 마음입니다. 어떻게 감각능력〔감각기관〕에 의해 인식범위가 한정되는지 구체적인 예를 들어 보겠습니다. 우리들은 같은 스님, 같은 시간, 동일한 공간에서 법문을 들어도 집중하지 않으면 그 내용을 알 수 없습니다. 게다가 우리들은 같은 신문, 같은 지면의 신문을 읽어도 관심 분야가 다르면 신문의 기사 내용도 각각 다르게 보일 뿐만 아니라 기억하는 내용도 다릅니다.

또한 우리의 시력이 아무리 좋아도 자외선이나 적외선 등은 볼 수 없고, 아무리 청각이 좋아도 돌고래나 박쥐처럼 고주파는 들을 수 없으며, 아무리 좋은 코를 가졌다고 해도 개나 늑대보다 냄새를 더 잘 맡을 수는 없습니다. 이것은 감각에 의해 우리의 인식능력이 한정된다는 것을 의미합니다. 다시 말해 의식은 우리의 감각능력에 따라 다르게 보인다는 것입니다. 이처럼 의식은 자신의 지식·교양·경험 등에 의해 인식 대상이 한정되고 있습니다.

그런데 법상종에서는 제6 의식을 전오식과 관련시켜 다음과 같이 분류하기도 합니다. 먼저 제6 의식을 오구의식(五俱意識)과 불구의식(不俱意識)으로 나눕니다. 오구의식이란 말 그대로 '전오식과 함께하는 의식'이라는 뜻입니다. 이것은 제6 의식이 전오식과 관계를 가지고 있는 상태를 말하는데, 오구의식은 다시 오동연의식(五同緣意識)과 부동연의식(不同緣意識)으로 구분됩니다. 오동연의식이란 '전오식과 동일한 대상에 집중하는 의식'이라는 뜻으로, 제6 의식이 전오식과 동일한 대상에 집중하고 있는 상태를 말합니다. 예를 들어 책을 읽을 때 안식이 글자를 보고 있고, 의식도 또한 그것에 집중하여 책의 내용을 이해하는 것입니다. 반면 부동연의식이란 '전오식과 동일한 대상에 집중하지 않는 의식'이라는 뜻입니다. 다시 말해 부동연의식이란 감각이 활동하고 있는 것은 오동연의식과 동일하지만, 제6 의식이 전오식과 다른 것을 생각하고 있는 상태를 말합니다.

한편 불구의식은 제6 의식이 전오식과는 별도로 활동하는 상태를 말하는데, 이것은 다시 오후의식(五後意識)과 독두의식(獨頭意識)으로 구분됩니다. 오후의식이란 말 그대로 '전오식이 활동한 이후에 작용하는 의식'이라는 뜻입니다. 오후의식은 전오식을 계기로 제6 의식이 활동하는데, 전오식의 활동이 끝난 이후에도 제6 의식이 계속 작용하는 상태를 말합니다. 예를 들면 좋은 영화를 보고 난 후에 그 감동의 여운이 남아 집으로 돌아오는 길에 계속해서 음미하는 의식입니다. 반면 독두의식이란 제6 의식이 전오식과 별도로 독자적으로 활동하는 상태를 말합니다. 독두의식에는 정중의식(定中意識), 몽중의식(夢中意識), 독산의식(獨散意識)의 세 종류가 있습니다. 먼저 정중의식은 선정 중의 의식상태로 환각이나 환상의 상태를 말합니다. 또는 깨달음의 체험과도 관계하는 의식입니다. 몽중의식은 꿈속의 의식입니다. 프로이트의 정신분석학에서는 꿈을 무의식과 관계하는 것으로 보는데, 유식에서는 제6 의식의 활동으로 파악하고 있습니다. 독산의식은 전오식의 활동을 떠나 제6 의식만이 자유롭게 활동하는 것을 말합니다. 구체적으로 말하면 사고 · 판단 · 상상력 · 이상을 추구하는 등의 마음활동입니다.

■ 선·불선(악)·무기 모두에 작용하는 마음

아뢰야식과 말나식은 가치론적으로 따지면 무기입니다. 그중에 아뢰야식은 무부무기이며, 말나식은 유부무기입니다. 반면 의식은 가치론적으로 말하면 선·불선(악)·무기 모두에 작용하는 마음입니다. 그래서 의식은 우리들의 일상생활에 가장 자주 접하는 마음인 동시에 선악이나 무기에도 관여하는 변화하기 쉬운 마음입니다. 그렇기 때문에 동요하기 쉬운 마음인 의식을 안정시키기 위해서는 끊임없는 노력(수행)이 필요한 것입니다.

그렇다면 유식에서 말하는 선·불선·무기란 도대체 어떤 의미일까요? 선이란 '이 세상과 저 세상에서 이익을 주는 마음이나 행위'를 말합니다. 반대로 불선이란 '이 세상이나 저 세상에서 손해를 초래하는 마음이나 행위'를 말합니다. 무기는 '이 세상이나 저 세상에서 이익도 손해도 가져다 주지 않는 마음이나 행위'입니다. 그래서 호법보살은 『성유식론』에서 무기를 '선과 불선의 이롭고 해로운 뜻 중에서 기별(記別), 즉 선인지 악인지 별도(別)로 나타낼 수 없기 때문에〔無記〕 무기라고 이름한다.'고 하였습니다. 그런데 우리들이 일상생활에서 유념해야 할 것이 있습니다. 바로 현재 자기가 아무리 행복〔즐거움〕하거나 불행〔괴로움〕하더라도 이 행복과 불행은 지금 세상〔현세〕에만 영향을 미치지만, 선·악·무기는 현실세계뿐만 아니라 미래세에도 영향을 미친다는 사실입니다. 다시 말해 재산이 많아 현세에서 행복하더라도 또는 재산이 없어 불행하더라도 그 행복이나 불행은 미래세까지 가지 않는다는 것입니다. 반면 착한 일을 하거나 혹은 나쁜 짓을 하면 그것은 현세뿐만 아니라 미래세에도 영향을 미친다는 것입니다. 너무나 당연한 말일지도 모르겠지만, 또한 그렇기 때문에 우리는 자신의 삶을 열심히 살면서 선한 일은 많이 하고 악한 짓은 하지 말아야 하는 것입니다.

부처님이 우리들 인간의 마음을 선도 악도 아닌 무기라는 관점에서 설한 일화를 하나 소개하겠습니다. 부처님의 제자 중에 앙굴리마라(Aṅgulimāra)라는 사람이 있었습니다. 앙굴리(Aṅguli)는 '엄지손가락'이라는 뜻이며, 마라(māra)는 '목걸이'를 의미합니다. 왜냐하면 그는 사람을 죽여

'엄지손가락'을 잘라 목걸이로 만들어 걸고 다녔기 때문에 이와 같은 이름이 붙여졌습니다. 그는 당시에 유명한 살인마로 알려졌는데, 부처님의 가르침에 의해 불제자가 된 인물입니다. 잠시 경전에 등장하는 부처님과 앙굴리마라의 일화를 소개하겠습니다.

앙굴리마라는 처음에 바라문의 제자가 되었다고 합니다. 그는 총명하였을 뿐만 아니라 용모도 준수하였습니다. 어느 날 스승 바라문이 출타하자 평소 그를 사모하고 있던 바라문의 아내가 그를 유혹하였습니다. 그러나 그는 그녀의 유혹을 단호하게 물리쳤습니다. 이에 앙심을 품은 그녀는 어느 날 일부러 자신의 옷을 찢고 바라문이 귀가하자 거짓으로 울면서 말했습니다.

"당신의 제자 앙굴리마라가 나를 이렇게 만들었어요."

이에 화가 난 스승은 앙굴리마라에게 다음과 같이 말했습니다.

"지금부터 사람 100명을 죽여서 엄지손가락을 잘라 그것을 끈으로 꿰어서 목걸이로 만들어 목에 걸고 다녀라. 그러면 너의 수행은 완성될 것이다."

스승의 가르침을 굳게 믿고 있던 앙굴리마라는 그날부터 수행의 완성을 위해 자기 집 앞을 지나가는 사람을 죽이기 시작하였습니다. 마침내 그는 99명의 사람을 죽였고, 이제는 자기를 낳아 준 어머니마저 죽여서 100명을 채울 셈이었습니다. 그러나 그때 그는 부처님을 만나 제자가 됩니다. 부처님은 앙굴리마라의 소문을 이전부터 듣고 있었습니다. 그리고 어느 날 부처님은 의도적으로 앙굴리마라의 집 앞으로 지나갔습니다. 그는 그의 집 앞을 지나가는 사람을 죽인 것처럼 부처님을 죽이기 위해 부처님에게 다가갔습니다. 부처님은 천천히 걷고 있었지만 그는 부처님의 걸음을 도저히 따라잡을 수가 없었습니다. 그래서 그는 "멈춰라! 수행자여!"라고 소리쳤습니다. 이에 부처님은 "나는 움직이지 않고 있다. 앙굴리마라여! 네가 멈춰 서거라."라고 하였습니다. 그는 다시 소리쳤습니다.

"수행자여! 나에게 멈추라고 말하지만 나는 걷고 있지 않다. 걷고 있는 당신은 움직이지 않는다고 말하고 있다. 당신은 멈추어 있다고 하지만 나에게는 그렇게 보이지 않는다."

그러자 부처님이 대답했습니다.

"내 다리는 움직이지만 내 마음은 고요하다. 너의 다리는 움직이지 않지만 너의 마음은 분노와 증오와 걷잡을 수 없는 욕망의 불길 속에 움직이고 있다. 따라서 나는 움직이지 않지만 너는 움직이고 있다."
이 말을 듣고 그는 생각했습니다.
"이 수행자야말로 나의 마음을 알고 있구나. 수행자의 가르침을 믿고 광분하는 마음을 버리자."
그리하여 부처님에게 간청하여 그의 제자가 되었습니다. 그런데 앙굴리마라가 걸식하러 갔을 때 문제가 생겼습니다. 그를 보고 달아나거나 심지어 기절하는 사람도 있었습니다. 그렇지만 그가 완전히 새로운 사람으로 태어나 부처님의 제자가 되었다는 것을 알고 있던 사람들은 그를 피하지 않았습니다. 그러나 결국 원한을 품은 사람들이 그에게 돌을 던져 그를 죽이게 됩니다. 그는 충분히 물리칠 수 있는 힘이 있었지만 돌에 맞아 쓰러지면서 "부처님! 저는 아무런 원망도 후회도 미움도 없이 평온합니다."라고 하며 죽었다고 합니다.

이 이야기는 비록 살인이라는 엄청난 죄를 지은 사람이라도 그 행위에 대해 후회하고 선한 행위를 쌓기 위해 노력하면 지은 죄가 용서될 뿐만 아니라 깨달음을 얻을 수 있다는 것을 상징적으로 나타낸 사례입니다. 다시 말해 아무리 나쁜 인간이라도 선인으로 전환될 수 있는 가능성이 있다는 것을 암시하고 있습니다. 그래서 부처님께서는 우리들에게 일생 동안 끊임없이 수행할 것을 요구하였다고 생각합니다.

지금까지 살펴본 아뢰야식, 말나식, 의식의 활동을 간단하게 도표로 그려보면 다음과 같습니다.

안식 이식 비식 설식 신식	〈표층의 마음〉 감각을 바탕으로 각각의 대상을 파악하는 마음
의식 (요별경식)	〈표층의 마음〉 전오식의 활동을 바탕으로 대상을 종합적으로 판단 사유하는 마음
말나식 (사량식) (염오의)	〈심층의 마음〉 모든 것을 이기적이고, 자기중심적으로 생각하는 마음
아뢰야식 (이숙식) (일체종자식)	〈심층의 마음〉 행위의 결과인 종자를 저장하는 마음

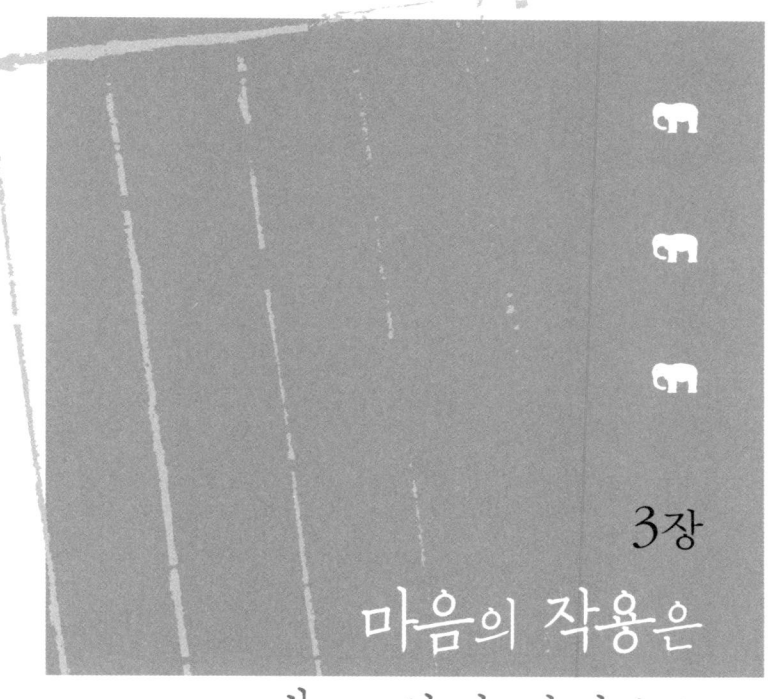

3장
마음의 작용은
왜 그렇게 많나요?

1 **마음**에 소유된 것, **심소**

유식에서는 우리들의 마음을 심왕(心王)과 심소(心所)로 나눕니다. 심왕은 앞에서 자세하게 설명하였듯이 마음의 주체적 측면인 안식·이식·비식·설식·신식·의식·말나식·아뢰야식을 말합니다. 반면 심소(마음의 작용)는 심왕에서 나온 것으로 원시불교 이래 부파불교를 거쳐 정밀하게 되었으며, 대승불교에 와서는 더욱 세세하게 분석하였는데 특히 유식사상에서는 51개로 분류하였습니다. 지금까지 필자는 심소를 '마음의 작용'이라고 번역하였지만, 심소의 정확한 이름은 '마음에 소유된 것', 즉 심소유법(心

所有法)입니다. 그래서 『성유식론』에서는 심왕과 심소의 관계를 '항상 심왕에 의지해서 일어나고 심왕과 상응하며 심왕에 계속(繫屬)되기 때문에 심소라고 이름한다.'라고 주석하였습니다.

다시 말해 심소는 심왕인 아뢰야식, 말나식, 의식과 늘 함께 작용한다는 것입니다. 그래서 심왕과 심소의 관계를 그림에서 밑그림을 그리는 화가(심왕)와 화가가 그린 밑그림에 제자가 채색하는 것(심소)으로 비유하거나 또는 주체적으로 움직이는 왕(심왕)과 왕의 명령에 따라 움직이는 신하(심소)로 비유하여 설명하기도 합니다.

유식사상의 대성자인 세친보살은 『유식삼십송』에서 심소를 크게는 여섯 단계(六位)로, 구체적으로는 51개로 분류합니다. 그래서 이것을 6위 51심소(六位五十一心所)라고 합니다. 먼저 6위(六位)는 여덟 가지의 마음 모두와 상응하는 심소인 '변행', 각각 별도의 대상을 가진 심소인 '별경', 선한 마음의 심소인 '선', 인간의 마음을 괴롭히는 심소인 '번뇌', 번뇌로부터 파생한 심소인 '수번뇌', 선한 마음에도 나쁜 마음(번뇌)에도 선도 나쁜 마음도 아닌 무기에도 작용하는 심소인 '부정'입니다. 그리고 6위를 구체적으로 나누면 다음과 같습니다.

변행의 심소는 촉·작의·수·상·사의 5개입니다.

별경의 심소는 욕·승해·념·정·혜의 5개입니다.

선의 심소는 신·참·괴·무탐·무진·무치·근·안〔경안〕·불방일·행사·불해의 11개입니다.

번뇌〔근본번뇌〕의 심소는 탐·진·치·만·의·악견의 6개입니다.

수번뇌〔부차적 번뇌〕는 다시 소수번뇌, 중수번뇌, 대수번뇌로 나눕니다. 구체적으로 다시 나누면 소수번뇌는 분·한·복·뇌·질·간·광·첨·해·교의 10개, 중수번뇌는 무참과 무괴의 2개, 대수번뇌는 도거·혼침·불신·해태·방일·실념·산란·부정지의 8개입니다. 그래서 수번뇌는 모두 20개입니다.

그리고 부정의 심소는 회·면·심·사의 4개입니다.

한편 중국 법상종에서는 심소를 보다 더 세분하여 100개로 분류하기도 합니다만, 지금부터 6위 51심소를 구체적으로 설명하겠습니다.

2 두루 작용하는 5개의 심소, **오변행**

먼저 오변행(五遍行)에 대해 설명하겠습니다. 오변행이란 두루 작용하는 다섯 개의 심소, 즉 촉·작의·수·상·사를 말합니다. 오(五)는 다섯 오(五) 자이고, 변이란 사실 두루 편(遍)이지만, 여기서는 '두루 변'으로 읽습니다. 행은 갈 행(行) 자이기 때문에 '가다', '작용하다'는 의미입니다. 따라서 오변행이란 '두루 작용하는 다섯 개의 심소'라는 뜻입니다. 여기서 두루 작용한다[변행]는 것은 아뢰야식, 말나식, 의식의 모든 마음과 늘 함께 작용한다는 뜻입니다.

■ 촉[접촉]

첫째는 촉(觸)입니다. 촉이란 심과 심소를 대상에 접촉시키는 작용을 말합니다. 그런데 촉이라고 하면 닿을 촉(觸)자이기 때문에 '피부에 접촉하다' 또는 영어의 '터치(touch)'를 먼저 떠올리기 쉽습니다만, 여기서 촉이란 감각기관[根]·대상[境]·마음[識]의 세 가지 조건이 접촉하는 것을 말합니다.

구체적인 예를 하나 들어보겠습니다. 여러분들이 목욕탕에 가서 더운 한증탕에 들어갔다고 합시다. 한증탕에 들어가면 먼저 더운 열기가 피부에 닿아 피부가 한증탕의 열기를 감지하게 됩니다. 그와 동시에 피부의 변화에 따라 덥다는 것을 느끼게 됩니다. 이처럼 우리들이 어떤 것을 안다고 하는 것, 즉 덥다는 것을 인식하는 것은 감각기관[根]인 피부, 대상[境]인 열기, 지각하는 마음[識]의 세 가지 조건이 접촉하는 것에 의해 처음으로 성립하는 것입니다. 만약에 피부, 열기, 마음 중에 하나라도 결여되어 있으면 우리들의 인식은 결코 성립하지 않습니다. 그래서 『대비바사론』에서는 '촉이 없으면 마음은 시체와 같다.'라고 하였던 것입니다. 이처럼 촉의 심소는 우리들의 모든 감정〔인식〕을 생기게 하는 근거가 되는 것입니다.

■ 작의〔대상에 집중하는 마음의 작용〕

둘째는 작의(作意)입니다. 작의란 특정한 방향으로 향하여 집중하는 마음의 작용 또는 동일한 대상에 대해 언제나 반복해서 마음을 고정하는 마음의 작용입니다. 우리들의 마음〔인식〕이 눈으로 동일한 대상을 본다고 해서 동일하게 대상을 아는 것은 아닙니다. 자신이 스스로 알고자 하는 마음, 즉 능동적인 움직임이 있고 난 후에 처음으로 그 대상을 알게 되는 것입니다. 그래서 『성유식론』에서는 '경각(警覺)'이라고 주석하고 있습니다. 다시 말해 경각이란 잠자고 있는 마음을 놀라게 하고 깨워서 어떤 대상〔예를 들면 새소리, 노을 등〕에 향하게 하는 마음의 작용입니다. 여기서 잠자고 있는 마음이란 보다 구체적으로 말하면 아뢰야식 속에 저장되어 있는 종자를 깨우는 것입니다.

일상생활에서 작의는 어떻게 작용하는지 하나의 예를 들어 보겠습니다. 제가 『마음공부 첫걸음』이라는 책을 출판하여 《불교신문》이나 《법보신문》에 책을 소개하는 광고를 냈다고 합시다. 그 광고를 보는 사람은 유식사상에 관심이 있거나 필자를 알고 있는 극히 일부의 사람입니다. 유식에 관심이 없는 사람은 아무리 똑같은 신문을 보아도 그 광고가 눈에 보이지 않습니다. 설령 그 광고를 보고 『마음공부 첫걸음』을 구입하여 읽는다고 해도, 책을 구입한 모든 사람이 똑같은 순서로 읽지 않습니다. 어떤 사람은 아뢰야식에 관한 부분부터 읽거나, 어떤 사람은 심소편부터 읽거나, 또 어떤 사람은 처음부터 꼼꼼하게 읽기도 합니다. 왜 이런 현상이 일어날까요? 그것은 우리들의 마음이 집중하는 방향이 다르기 때문입니다. 이처럼 알려고 하는 능동적인 마음이 일어나지 않으면 어떤 것도 볼 수 없으며 들어도 들리지 않습니다. 이처럼 어떤 대상에 대해 알려고 집중하는 마음의 작용을 작의라고 합니다.

■ 수 [대상을 감수하는 마음의 작용]

셋째는 수(受)라는 심소입니다. 수란 받을 수(受) 자이기 때문에 받아들인다는 뜻입니다. 그러면 무엇을 받아들일까요? 바로 '대상을 받아들인다'는 것입니다. 이것을 조금 어려운 말로 감수작용이라고 합니다. 우리들은 외부로부터 감각재료(센스데이터)를 받아들이는 경우 사물을 있는 그대로 받아들이지는 않습니다. 다시 말해 객관적으로 받아들이지 않고 자신의 주관적인 감각이나 감정(싫어함·좋아함·취미)을 가지고 받아들이는데, 이런 작용을 담당하는 것이 수라는 심소의 역할입니다. 그렇기 때문에 똑같은 현상이나 사건을 보고도 다르게 받아들이는 것입니다. 그래서 세친보살은 수의 종류를 고(괴로움)·락(즐거움)·사(괴롭지도 즐겁지도 않은 것)의 세 종류로 구분하였습니다.

예를 들어 어떤 부부가 함께 드라마를 보고 있습니다. 슬픈 내용도 아닌데 눈물을 글썽이는 남편, 눈물을 글썽이는 남편을 보고 별로 슬픈 장면도 아닌데 눈물을 보이는 남편이 이해하기 힘든 아내가 있다고 합시다. 자! 그렇다면 별로 슬픈 장면도 아닌데 왜 남편은 눈물을 글썽일까요? 이런 역할을 해 주는 것이 바로 수라는 마음 작용입니다. 아마도 남편은 감정이입이 되어 자기가 살아온 슬픈 경험을 이입해서 그 드라마를 보기 때문에 슬펐던 것입니다. 그래서 같은 드라마를 보더라도 받아들이는 강도나 상황이 전혀 다르게 느껴지는 것입니다. 따라서 외부의 자료를 어떻게 받아들이는가에 따라 우리들의 인격이나 성격이 다르며, 각자 다르게 받아들이기 때문에 자기만의 독특한 개성이 나타나는 것입니다.

■ 상〔대상을 표상하는 마음의 작용〕

넷째는 상(想)입니다. 상이란 나무 목(木), 눈 목(目), 마음 심(心) 자로 이루어진 것으로, 대상인 나무〔木〕를 감각기관인 눈〔目〕으로 받아들여 마음〔心〕에 새긴다는 뜻입니다. 그런데 대상을 감각기관을 통해 마음으로 새길 때 언어가 개입합니다. 그래서 상이란 대상을 언어로써 아는 마음의 작용을 말합니다. 보다 구체적으로 말하면 상은 대상을 정리하면서 이해할 뿐만 아니라, 동시에 그 대상에 언어를 부여합니다. 즉 상이라는 심소는 대상을 확실하게 언어로 파악하여 인식하는 작용을 말합니다. 서양철학 용어로 말하면 '표상작용'이라고 할 수 있습니다.

예를 들어 여기에 스마트폰이 있다고 합시다. 우리들은 '스마트폰이네'라고 대상〔스마트폰〕을 언어로 파악하여 아는 것입니다. 다시 말해 상이란 감각기관을 통해서 수라는 심소에 의해 외부로부터 들어온 센스데이터〔스마트폰〕를 분석하고 개념화〔언어〕하여 알게 하는 마음의 작용입니다.

■ **사**〔대상에 의지하는 마음의 작용〕

다섯째는 사(思)입니다. 사란 의지적인 마음의 작용입니다. 의지(意志)란 무언가를 하고자 하는 마음의 작용입니다. 따라서 의지적인 마음의 작용은 우리의 마음을 선악 또는 무기로 물들이는 심리 작용입니다. 그러므로 내가 선한 의지로 마음을 작용시키면 선업이 생기고, 악한 의지로 마음을 작용시키면 악업이 생기는 것입니다.

그리고 사(思)는 자기가 인식한 대상에 대해 행위를 일으키는 마음의 작용입니다. 다시 말해 의지가 있고 난 후에 업〔행위〕이 일어납니다. 따라서 사의 심소가 선 또는 악인지에 따라, 업이 선 또는 악으로 결정됩니다. 만약 나쁜 사(思)이면 악업이 전개될 것이고, 만약 좋은 사(思)이면 선업이 전개될 것입니다. 예를 들면 마치 자석〔대상〕의 움직임에 따라 철〔마음〕이 움직이는 것과 같습니다.

그러므로 사(思)라는 심소는 인간 행위의 근원이 되는 마음의 작용이라고 할 것입니다. 독자들도 잘 알고 있듯이, 불교에서는 인간 행위〔業〕를 신체적 행위〔身業〕· 언어적 행위〔語業〕· 의지적 행위〔意業〕로 나눕니다. 그리고 의지적 행위를 '사업(思業)'이라고 하고, 의지적 행위로부터 신체적 행위와 언어적 행위가 생기하였다는 의미에서 신체적 행위와 언어적 행위를 '사이업(思己業)'이라고 합니다. 이때의 사(思)가 바로 오변행 심소 중의 사(思)입니다.

이처럼 촉·작의·수·상·사의 오변행은 어떠한 마음에도 두루 작용하는 심소입니다. 심층의식인 아뢰야식과 말나식뿐만 아니라 의식도 '마음(識)'이기 때문에 반드시 오변행의 심소와 함께 작용합니다. 특히 오변행 중에서도 수·상·사는 우리들의 미혹이나 괴로움을 생기게 하는 원인이 되는 심소입니다.

왜냐하면 수는 고락〔즐거움과 괴로움, 즐거움도 괴로움도 아닌 사(捨)〕을 느끼고 받아들여, 괴로움으로부터 벗어나 즐거움을 계속해서 유지하려고 집착하게 됩니다. 상은 대상을 언어로 개념화하여 잘못된 판단과 사고가 생기게 합니다. 사는 대상에 잘못된 의지를 일으켜 나쁜 행위〔악업〕를 생기게 합니다. 따라서 수·상·사는 괴로움을 일으키는 원인입니다.

3 별도의 대상에 작용하는 심소, 별경

별경(別境)이란 나눌 별(別), 대상 경(境) 자이기 때문에 '별도의 대상에 작용하는 심소'를 말합니다. 별경은 욕(欲)·승해(勝解)·념(念)·정(定)·혜(慧)의 다섯 가지입니다. 보다 구체적으로 말하면 별경이란 자기가 좋아하는 것이나 원하는 것, 또는 일찍이 경험한 특정한 대상에만 작용하는 심소입니다. 그리고 욕·승해·념·정은 의식과 함께 작용하지만, 혜의 심소만 말나식과 함께 작용합니다. 별경은 아뢰야식에는 작용하지 않습니다. 앞에서 말했듯이 아뢰야식과 함께 작용하는 것은 오변행의 심소뿐입니다.

■ 욕(바람, 희망)

먼저 욕(欲)이라는 심소에 대해 살펴보겠습니다. 욕이란 '자기가 좋아하는 대상에 대해 바라거나 원하는 마음의 작용'입니다. 한자로 바랄 욕(欲) 자이기 때문에 나쁜 마음의 작용으로 생각하시면 안 됩니다. 굳이 요즈음 말로 하자면 '바람'이나 '희망'이 될 것입니다. 그런데 우리들의 일상생활의 바람은 좋은 바람과 나쁜 바람이 동시에 존재합니다. 말하자면 과욕이나 욕심, 탐욕, 욕망, 사리사욕 등과 같은 나쁜 바람이 있는가 하면, '오늘부터 매일 108배를 해야지'나 '이제 부처님의 가르침을 열심히 배워야지' '나도 깨달음을 얻고 싶다' 등과 같은 좋은 바람, 즉 선법욕(善法欲)도 있습니다.

이처럼 욕의 심소는 내가 어떤 마음을 먹는가에 따라 좋은 바람이 될 수도 있고, 나쁜 바람이 될 수도 있다는 것입니다. 즉 어떤 대상으로 향하는가에 따라 선으로도 작용할 수 있고, 악으로도 작용할 수 있는 것입니다. 사실 좋은 바람과 나쁜 바람은 동전의 양면과 같은 것입니다. 그렇기 때문에 우리들의 마음이 악을 끊고 선을 닦기 위해(斷惡修

善〕, 다시 말해 좋은 바람으로 나아가게 하기 위해 열심히 노력〔수행〕해야 하는 것입니다.

특히 유식의 논서〔『유가사지론』〕에서는 선법욕을 네 가지로 분류하고 있습니다.

첫째는 증득욕(證得欲)입니다. 증득욕이란 간단하게 말하면 고〔괴로움〕로부터의 해방, 즉 해탈하려고 하는 바람입니다. 다시 말해 미혹이나 괴로움〔생로병사 등〕으로부터 벗어나 깨달음을 얻고 싶다는 바람입니다.

둘째는 청문욕(請問欲)입니다. 청문욕이란 선지식으로부터 좋은 가르침을 듣고자 바라는 것입니다. 그러므로 바른 법문을 해 줄 선지식을 만나는 것이 무엇보다도 중요합니다. 이런 의미에서 좋은 선지식을 만나기 위해 찾아다니는 것은 부처님의 가르침을 실천하기 위해 중요한 토대가 되는 것입니다.

셋째는 수집자량욕(修集資糧欲)입니다. 수집자량욕이란 깨달음에 이르기 위해 식량〔자량〕이 되는 것을 익히려고 바라는 것입니다. 여기서 자량(資糧)이란 식물이 자라기 위한 영양이나 비료에 해당되는 말입니다. 식물이 열매를 맺기 위해서는 영양이 필요하듯이 인간도 영양 공급이 필요합니다. 그런데 인간이 깨달음을 얻으려면 장시간 동안 영양이나 비료가 필요합니다. 수행에 필요한 영양이나 비료를 자량이라고 합니다. 우리들이 깨달음을 얻는 데 자량(영양)이 되는 것은 계율을 지키거나 잠을 줄이고 식사를 조절하는 것 등입니다. 이처럼 수집자량욕이란 계 등을 지키려고 하는 바람입니다.

넷째는 수순유가욕(隨順瑜伽欲)입니다. 수순유가욕이란 요가를 닦으려고 하는 바람입니다. 즉 산란한 마음(散心)을 가라앉혀 집중하는 마음(定心)이 되려고 노력하는 것입니다.

이처럼 우리들은 좋은 바람을 추구하도록 열심히 노력해야 하는 것입니다.

■ 승해 (대상에 확고한 마음의 작용)

다음은 승해(勝解)라는 심소입니다. 승해는 어떤 대상에 대해 확인하고 단정하는 마음의 작용입니다. 그래서 한자로는 뛰어날 승(勝), 풀 해(解) 자로 '뛰어난 이해'라고 하는 것입니다. 구체적으로 말하면 승해란 어떤 대상이나 상태를 의심하지 않고 확신하여 자신의 마음속에 그것을 새겨서 계속해서 유지하려고 하는 마음의 작용입니다. 그리하여 다른 생각이나 주장에 이끌려 자신이 가지고 있는 생각이나 사고방식을 버리지 않는 것입니다.

우리들의 일상적인 삶은 자신의 생각 또는 신념이나 가치관을 너무 쉽게 버리거나 포기하고 시대의 흐름에 따라갑니다. 그리고 시대의 조류에 영합하거나 현실에 부합하는 것에 대해 비판하면, 먹고살기 위해서는 어쩔 수 없다며 자기를 합리화합니다. 또한 자기 자식도 현실에 부합하여 살아가기를 바라며, 그렇게 하는 것이 잘 사는 사람이라고 가르칩니다. 게다가 자기의 신념을 끝까지 지키고 사는 사람을 현실에 적응하지 못하는 사람으로 취급하기도 합니다. 물론 살다 보면 적당한 타협도 필요할 때가 있습니다. 그렇지만 현실 논리에 부합하지 않고 승해의 심소를 잘 지키는 사람들이 있었기 때문에 인류 문명이 발전했다는 사실을 잊어서는 안 될 것이며, 또한 그런 분들을 우리들은 인류의 스승으로서 존경하는 것입니다.

■ 념〔기억하고자 하는 마음의 작용〕

다음은 념(念)이란 심소입니다. 념이란 과거에 배운 것이나 경험한 대상을 확실하게 기억하여 잊지 않고 계속해서 유지하려는 마음의 작용입니다. 어려운 한자 숙어로 말하면 명기불망(明記不忘)입니다. 그렇지만 념도 선악 양쪽 다 작용하는 심소입니다. 과거에 경험한 어떤 것에 대해 계속해서 집착하고 기억하고자 한다면 그것은 집착하는 념인 집념(執念)이며, 누군가를 미워하거나 원한을 품어 계속해서 잊지 않고 기억하는 것은 원망이나 원념(怨念) 등의 나쁜 념입니다.

반면 붓다의 가르침이나 진리를 계속해서 기억하고자 하거나, 붓다에게 진심으로 염불하거나 염원하는 것은 좋은 념입니다. 게다가 념에는 이것뿐만 아니라 신념, 전념, 단념, 염력, 정념, 실념 등 많은 것이 있습니다. 그렇기 때문에 우리들은 좋은 념으로 나아가기 위해서 열심히 수행 정진하는 수밖에 없는 것 같습니다.

■ 정〔대상에 집중하는 마음의 작용〕

정(定)이란 관찰된 대상을 마음 깊이 집중하는 마음의 작용입니다. 그래서 정을 관찰하는 대상에 대해서 오로지 기울여서 흩어지지 않게 하는 심소, 즉 '전주불산심소(專注不散心所)'라고 하였습니다. 이처럼 정은 '전주불산'하는 마음의 작용이기 때문에 진리를 획득하게 하는 지혜의 의지처가 되며, 몸과 마음을 자유롭게 하고 마음을 깨끗하게 하는 작용을 한다고 하였습니다. 그렇지만 정의 심소도 선악 양쪽 다 정신을 집중합니다. 예를 들어 남의 집에 침입하여 물건을 훔치려는 도둑이 발소리를 내지 않으려고 온 정신을 집중하는 것은 바른 정이 아닙니다. 그렇지만 깨달음을 얻기 위해 수행에 집중하는 것은 좋은 정일 것입니다.

■ 혜〔대상을 판단하는 마음의 작용〕

마지막으로 혜(慧)란 관찰된 대상을 판단하여 나누는 마음의 작용입니다. 그래서 주석서에서는 혜를 '간택(簡擇)'하는 것이라고 했습니다. 혜의 심소도 선악 양쪽 다 작용합니다. 특히 혜는 말나식과 함께 작용하는 심소입니다. 그런데 대상을 선택하여 구별하는 심소인 혜가 왜 모든 것을 자아 중심적으로 생각하는 마음인 말나식과 함께 작용하는 것일까요? 아마도 혜의 심소가 대상을 선택하여 구별할 때 모든 것을 자기중심적으로 선택하여 구분하기 때문에 말나식과 함께 작용하는 심소라고 세친보살은 생각한 것 같습니다.

그런데 불교에서는 '혜'를 문혜(聞慧), 사혜(思慧), 수혜(修慧)의 세 종류로 분류합니다. 문혜란 신뢰할 수 있는 스승의 올바른 가르침을 들어 얻어지는 지혜입니다. 예를 들어 '유식무경'이라는 가르침을 들어 일체가 '유식'이라고 아는 지혜입니다. 사혜란 신뢰할 수 있는 스승으로부터 들은 것을 올바르게 생각하여 얻는 지혜입니다. 즉 '유식무경'이라는 가르침의 내용을 사색하는 것에 의해 얻어지는 혜입니다. 수혜란 문혜와 사혜를 바탕으로 올바른 정〔삼매〕을 통해 얻어지는 지혜입니다. 특히 수혜는 모든 번뇌나 의혹을 지멸〔제어〕시키는 기능을 담당합니다. 이처럼 문혜에서 출발해 사혜를 거쳐 최종으로 수혜로 '혜〔지혜〕'를 완성한다고 합니다.

앞에서 살펴보았듯이 다섯 개의 별경 심소는 대상이 각각 다릅니다. 욕의 심소는 좋아하는 대상, 승해의 심소는 결정된 대상, 념의 심소는 일찍이 경험한 대상, 정과 혜의 심소는 관찰된 대상과 같이 각각 그 대상이 다릅니다. 그래서 별도의 대상에 작용한다는 의미로 '별경'의 심소라고 하는 것입니다.

그런데 마지막으로 유념해야 할 것이 있습니다. 유식에서 이렇게 심소를 세세하게 나누어 분석하는 것은 중생들을 부처님의 가르침인 제법무아, 제행무상 등을 체험하여 미혹의 사바세계에서 깨달음의 세계인 열반에 이르게 하기 위한 것입니다. 이 깨달음에로 나아가는 방법, 즉 지름길은 바로 파도와 같이 산란한 마음을 진정시켜 존재의 실상을 있는 그대로 관찰하게 하는 것입니다. 다시 말해 산란한 마음을 진정시키는 최초의 심소가 바로 좋은 념입니다. 그래서 념에 의해 안정된 마음인 정이 반드시 생깁니다. 그리고 안정된 마음인 정에 의해 혜가 반드시 생기는 것입니다. 물론 미혹에서 깨달음에로 이르는 길은 념, 정, 혜의 심소만이 있는 것이 아닙니다. 유식에서 분석한 인간의 심리분석이 계속해서 이어집니다.

4 선한 마음의 작용

앞에서 설명했듯이 다섯 가지의 변행 심소와 다섯 가지의 별경 심소는 선악 양쪽 다 작용하는 마음입니다. 그런데 지금부터 설명할 선이나 번뇌의 심소는 가치론적으로 선이나 악[불선], 더러움[염]이나 깨끗함[청정]으로 나타나는 마음의 작용입니다.

먼저 선이란 과거와 현재 또는 현재와 미래에 걸쳐 사람에게 이익이나 즐거움을 주는 것을 말합니다. 세친보살은 선의 심소를 신(信)·참(慚)·괴(愧)·무탐(無貪)·무진(無瞋)·무치(無癡)·근(勤)·안(安) 또는 경안(輕安)·불방일

(不放逸)·행사(行捨)·불해(不害)의 11개로 나누었습니다. 구체적으로 선한 심소는 어떤 것이 있는지 세친보살의 『유식삼십송』을 중심으로 살펴보도록 하겠습니다.

■ 신(믿음)

첫째는 신(信)의 심소입니다. 신이란 요즘 말로 하면 '믿음'이라고 할 것입니다. 종교적으로 말하면 신이란 신앙·신행·신심과 동의어로도 사용 가능합니다. 그래서 신(信)의 심소를 신(神)에 대한 절대적인 믿음이나 신앙으로만 생각하기 쉽습니다. 특히 유일신을 숭배하는 종교에서는 신(神)에게 절대적으로 헌신하는 것, 즉 '절대의존의 감정'을 신(信)이라고 생각하고 있습니다. 또는 힌두교에서는 오로지 신에게 헌신하는 박티(bhakti, 信愛)를 신(信)이라고 생각합니다.

한편 신(信)을 인간관계와 관련시키면 신뢰, 친구와의 믿음 등과 같은 의미일 수도 있습니다. 다시 말해 신은 우리의 일상생활에서도 중요한 역할을 담당하고 있다는 것입니다. 우리들의 인간관계는 수많은 믿음 속에서 지속되고 있습니다. 예를 들면 부부 간의 믿음, 부모와 자식 간의 믿음, 친구와의 믿음, 직장동료와의 믿음 등 말로 표현할 수 없을 만큼 인간관계는 믿음으로 이루어져 있습니다. 그러므로 이 믿음의 전제가 없고서는 우리들의 인간관계는 성립 자체가 불가능하다고 할 것입니다. 만약 우리들이 서로 믿음을 갖지 못하고 불신하기만 하면 모든 인간관계뿐만 아니라 그 사회체계가 무너지고 말 것입니다. 이처럼 종교적인 신앙이나 믿음 또는 부부나 친구 간의 신뢰도 신이라고 할 수 있습니다.

그리고 참선 화두를 잡을 때 세 가지 요건, 즉 삼요(三要)에 대신근(大信根)이 있습니다. 대신근이란 수미산같이 확고한 믿음을 말합니다. 그 믿음은 바로 부처님이나 스승의 가르침에 대한 믿음입니다. 또는 내가 곧 부처라는 확고한 믿음을 말합니다. 이처럼 믿음은 참선을 참구할 때도 아주 중요한 기능을 담당합니다.

그렇지만 유식에서 말하는 신이란 감성적인 측면의 믿음 또는 친구나 부부 사이의 믿음이나 신뢰를 가리키는 좁은 의미가 아닙니다. 『성유식론』에서는 신을 '〈진리가〉 실유하는 것을 믿고 아는 것〔實有信忍〕'이라고 정의하고 있습니다. 즉 실(實)이란 이 세계에 존재하는 일체법(연기, 무상, 무아, 사성제)을 관통하는 진리가 실유(實有)한다는 의미입니다. 그리고 인(忍)이란 실유한다는 것을 인식하고 확인한다는 뜻입니다. 여기서 일체법(연기)을 관통하는 진리가 실유한다는 것을 믿고 아는 것을 '신'이라고 정의한 의미를 설명할까 합니다. 결국 이 말은 '제법의 도리를 관찰하는 것'이라고 『유가사지론』에서 설명하고 있습니다.

즉 제법의 도리란 '연기의 도리'를 다르게 표현한 것입니다. 연기의 도리란 '모든 것은 스스로 존재하는 법이 없고 다른 것의 도움을 받아 생존한다.'는 뜻입니다. 내 자신이 다른 것의 도움을 받아 살아간다는 사실을 직시했다면 타인에게 감사하는 마음과 동시에 타인을 배려하는 자비와 보시의 마음을 가져야 하는 것은 당연할 것입니다. 그러므로 올바른 '신'을 갖는다는 것은 결국 자비의 마음을 실천하는 것입니다.

또한 신을 '〈불법승 삼보의〉 덕을 믿고 동경하는 것〔有德信樂〕'이라고 정의하고 있습니다. 즉 부처님과 부처님의 가르침인 진리〔법〕, 그리고 부처님과 부처님의 가르침을 믿고 따르는 공동체〔상가〕를 믿고 동경하는 것을 '신'이라고 합니다.

게다가 '〈자신의〉 능력을 믿고 의욕적으로 실행하는 것〔有能信欲〕', 즉 자신도 수행을 하면 과거의 수행자들과 같이 불교의 진리를 증득할 수 있는 힘이 생긴다는 것을 믿고, 그 힘을 얻으려고 하는 것을 신이라고 하였습니다. 즉 부처가 될 수 있는 가능성을 가지고 있다는 것을 믿는 것입니다. 이것을 대승불교에서는 '여래장', 선종에서는 '일체중생 실유불성' 등으로 표현하고 있습니다. 유식학적으로 표현하면 부처가 될 수 있는 힘을 아뢰야식 속에 종자로써 가지고 있다는 것입니다. 이런 힘〔가능성〕을 가지고 있기 때문에 인간은 정진〔노력〕을 통하여 생로병사의 괴로움으로부터 해탈할 수 있는 것입니다.

따라서 불교에서는 실유, 덕〔삼보〕, 능력을 우리들이 지성으로써 인식하고, 원하고 바라서〔감정〕 그것을 실행〔의지〕하고자 하는 것을 신이라고 합니다. 다시 말해 불교에서는 지성, 감성, 의지를 신이라고 정의하고 있습니다. 이런 의미에서 불교를 신앙이나 믿음의 종교가 아니라 신행의 종교 또는 지혜의 종교라고 하는 것입니다.

■ 참(부끄러움)과 괴(수치심)

둘째는 참(慚)과 괴(愧)의 심소입니다. 둘 다 부끄러워하는 마음의 작용입니다. 먼저 참은 자신의 양심이나 진리(부처님의 가르침)에 비추어 보아 부끄러워하는 마음의 작용입니다. 다시 말하면 참은 내면적이고 자율적인 부끄러움입니다. 예를 들어 먹고 사는 것이 바빠서 부모님에게 연락도 하지 않고 지내다가 무심코 지나가는 노인을 보는 순간 '아! 내가 이렇게 살며 안 되지, 엄마에게 연락해야겠다.'라고 스스로 반성하고 자기 자신을 되돌아보고 부끄러워하는 경우가 있습니다. 이런 부끄러워하는 마음은 필자뿐만 아니라 독자들도 자주 경험하리라고 생각합니다.

반면 괴는 스스로 자신을 반성하여 부끄러워하기보다는 세상의 평판이나 체면에 비추어 부끄러워하는 마음의 작용입니다. 다시 말해 타인의 눈을 걱정하여 부끄러워하는 타율적인 부끄러움으로, 괴는 일종의 수치심이라고 할 것입니다. 예를 들어 지하철이나 버스를 타고 가는데 어떤 할아버지가 내 앞에 섰다고 합시다. 물론 바로 일어나서 자리를 양보하면 그만이지만, 내 몸도 피곤해서 자리를 양보하지 않고 자는 척하고 있다고 합시다. 그런데 자는 척 해도 마음이 영 편치 않습니다. 왜 그럴까요? 이유는 간단합니다. 자는 척하고 있는 나를 보고 세상 사람들이 뭐라고 할까? 하는 타인의 시선을 의식하는 부끄러움 때문입니다. 이것을 괴(愧)라고 합니다.

이처럼 우리들이 자신의 행동에 대해 부끄러움이나 수치심을 느끼는 것은 인간다움을 확인하는 중요한 요소입니다. 동물에게는 부끄러워하는 마음이 없습니다. 부끄러움과 수치심은 인간만이 가지고 있는 것입니다. 그래서 경전에서는 '참괴가 없는 자는 인간이 아니다.'라고 하였던 것입니다.

필자는 개인적으로 불교도가 가져야 할 가장 중요한 심소는 지혜의 마음이나 자비심보다도 참과 괴라고 생각합니다. 왜냐하면 우리들의 삶을 되돌아보고 부끄러워하고 반성하여 끊임없이 자기를 성찰하는 것이 붓다의 근본정신이며, 이 부끄러움이 구체적인 신체 행위로 나타난 것이 수행정진이라고 생각하기 때문입니다.

■ 무탐·무진·무치

셋째는 무탐(無貪), 무진(無瞋), 무치(無癡)의 심소입니다. 번뇌의 심소 중에 탐진치(貪瞋癡)라는 삼독(三毒)이 있습니다. 독이란 인간을 죽일 수 있는 아주 나쁜 것처럼, 탐진치는 인간의 깨달음을 방해하는 최대의 적이라는 것입니다. 탐진치의 삼독에 대해서는 '번뇌의 심소'를 설명하면서 더 자세하게 살펴보겠습니다.

그런데 여기서는 탐진치의 삼독이 없는 무탐, 무진, 무치의 마음의 작용에 관한 것입니다. 먼저 무탐이란 자신과 자신이 소유하고 있는 것〔지위, 자식, 재산, 지식 등〕에 집착하지 않는 마음, 즉 욕망이 없는 심소입니다.

무진이란 자신의 마음에 들지 않는 것에 성내지 않는 마음의 작용입니다. 즉 분노하는 마음이 없다는 것입니다.

무치는 부처님의 가르침, 즉 연기나 사성제 등의 진리에 대해 어리석음이 없다는 것입니다.

이처럼 무탐·무진·무치란 자기와 자신이 소유한 것에 대해 집착하지 않고, 자기 마음에 들지 않는 것에 분노하지 않으며, 자신의 본래 존재 모습〔무아〕을 이해하는 마음의 작용입니다. 그래서 무탐·무진·무치의 심소는 선을 만드는 마음이라고 하는데, 이것을 탐진치의 삼독과 대비하여 세 개의 선한 힘이라는 뜻으로 '삼선근(三善根)'이라고 합니다.

■ 근〔노력하는 마음의 작용〕

넷째는 근(勤)입니다. 근이란 부지런할 근(勤) 자이기 때문에 노력이나 정진의 뜻입니다. 특히 근은 게으른 마음을 멸하고, 악을 끊고 선을 닦는 것을 말합니다. 다시 말해 선을 행하고자 노력〔정진〕하는 마음입니다.

　부처님이 우리들에게 남긴 마지막 유언도 '모든 것은 무상하다. 그러므로 열심히 노력(정진)하라.'였습니다. 그런데 우리들은 부처님의 마지막 가르침 중에서 '무상'에만 치중하여, '모든 것은 무상하니까 적당하게 타협하면서 살자'는 의미로 해석하는 경향이 있습니다만, 부처님의 근본 가르침은 '무상'을 관찰·체득하여 열심히 '수행 정진'하라는 뜻입니다. 다시 말해 부처님은 정진〔노력〕을 강조하였습니다. 실제로 부처님도 출가 이래로 45년을 유행하면서 열심히 정진(노력)하였던 것입니다.

■ 안(가볍고 편안한 마음의 작용)

다섯째는 안(安)의 심소입니다. 안이란 가벼울 경(輕), 편안할 안(安), 즉 경안(輕安)의 줄인 말입니다. 경안이란 문자 그대로 몸과 마음이 경쾌하고 편안하게 작용하는 심소의 경지를 말합니다. 다시 말하면 몸과 마음에 구애됨이 없는 가볍고 상쾌한 상태를 말합니다. 그렇기 때문에 경안은 우리들의 번뇌를 제거하는 기능을 담당하고 있는 것입니다.

그런데 다른 10개의 선한 심소는 모두 함께 작용하지만, 경안의 심소는 삼매를 체험할 때에만 작용하는 것입니다. 이런 이유에서 선한 11개의 심소가 전부 갖추어지는 것은 삼매 중에서만 가능합니다.

■ 불방일 · 행사 · 불해

여섯째는 불방일(不放逸), 행사(行捨), 불해(不害)의 심소입니다. 먼저 불방일의 반대 개념인 방일은 나태하고 게으른 심소인 반면 불방일은 나태하지 않고 게으르지 않은 선한 마음의 작용입니다. 다시 말해 불방일이란 정진(勤)·무탐·무진·무치를 수행하는 것, 즉 악을 끊고 선을 닦는 마음의 작용입니다. 이 불방일은 구체적인 심소가 있는 것이 아니라 정진(勤)·무탐·무진·무치에 힘쓰는 것을 말합니다.

행사란 정진(勤)·무탐·무진·무치의 심소를 '평등', '정직', '무공용(無功用)'하게 하는 마음의 작용을 말합니다. 이처럼 행사도 구체적인 심소가 아닙니다.

먼저 '평등'이란 마음이 언제나 같은 상태, 즉 마음이 조용히 선정에 몰입하는 것을 말합니다. 우리들은 자기의 잘못이 남에게 알려지거나 남이 자기가 원하는 대로 해 주지 않으면 두려워하거나 분노하기 때문에 마음 상태가 언제나 불안하고 평정심을 가질 수 없습니다. 이런 두려워하고 분노하는 마음을 평등하게 해 주는 기능을 담당하는 심소가 바로 행사(行捨)입니다.

그리고 정직은 그 무엇도 섞인 것이 없는 똑바른 것, 즉 마음이 있는 그대로 작용하는 것입니다.

무공용이란 평등하고 정직한 것이 몸에 배어 어떠한 계

략이나 의도도 없기 때문에 의도적인 마음의 작용이 없는 것입니다.

그렇기 때문에 행사는 평등하고 정직하여 마음을 적정하게 하는 작용이라고 하였습니다. 다시 말해 마음이 언제나 기복 없이 지속되는 것은 행사라는 심소의 역할이라는 것입니다. 그리고 이 심소를 그냥 사(捨, 고도 아니고 락도 아닌 것)라고 이름하지 않고 행사라고 부르는 것은 감수작용(受)의 사(捨)와 구별하기 위해서입니다.

불해는 범어 아힘사(ahiṃsā)의 번역으로, 다른 것에 위해(危害)를 가하지 않는 것을 말합니다. 필자는 개인적으로 인도인이 인류에게 준 가장 위대한 선물은 불해(불살생)와 요가의 가르침이라고 생각합니다. 특히 불해는 살아 있는 모든 생물에게 무한한 자비심(연민)을 가질 때만 실천이 가능한 것입니다. 인간의 삶은 다른 생물을 해쳐야만 존재할 수 있기 때문에 불해의 가르침을 온전하게 실천할 수는 없습니다. 그렇지만 최소한 인간에게라도 연민과 자비심을 가진다면 함부로 살해하거나 상해를 가하지 않을 것입니다.

불교는 불해의 역사라고 말할 수 있을 것입니다. 불교는 기본적으로 다른 종교나 교단을 파괴하는 행동을 하지 않았습니다. 불교는 관용과 포용력의 사상이며, 또한 그런 역사를 가지고 있습니다. 이런 정신적 태도가 인도나 불교 사상에는 복류수(伏流水)처럼 흐르고 있습니다. 인도의 위대한 정신적 지도자인 마하트마 간디의 무저항운동 또는 불복종운동, 자이나교의 철저한 불살생계는 불해의 심소가 구체적으로 드러난 행위라고 생각합니다. 지금도 자이나교도는 출가자뿐만 아니라 재가자에게도 철저하게 '불해', 즉 불살생의 실천을 요구하고 있습니다. 심지어 재가 신자에게 농사는 못하게 하고 상업에만 종사하도록 합니다. 왜냐하면 곡식을 뿌리기 위해 땅을 쟁기로 파면 자연히 생물을 해치게 되기 때문입니다. 또한 육식은 철저하게 금지할 뿐만 아니라 식물 중에서도 뿌리가 달린 것, 예를 들면 감자나 고구마 등은 먹지 않고 열매가 달린 것만 먹습니다. 그들은 뿌리에서 나는 식물은 생명을 해치게 된다고 생각하기 때문에 식물 중에서도 열매가 달린 토마토 등만 먹는 것입니다. 이처럼 불교의 육식 금지나 자이나교의 불살생도 바로 불해를 바탕으로 성립한 것입니다.

15 번뇌의 심소

다음은 번뇌의 심소입니다. 번뇌란 우리들의 몸과 마음을 시끄럽고 혼란스럽게 하는 것입니다. 번뇌는 탐·진·치·만·의·악견의 6개입니다. 그리고 악견을 다시 살가야견·변집견·사견·견취견·계금취견의 5개로 세분하면 번뇌는 전부 10개의 심소가 됩니다.

■ **탐**〔욕망〕

먼저 탐진치 삼독 중에서 탐(貪)이라는 번뇌에 대해 말씀드

리겠습니다. 탐이란 탐할 탐(貪) 자이기 때문에 보통 어떤 대상에 집착하여 탐내는 것, 이른바 탐욕이라고 합니다. 요즘 말로 하자면 욕망일 것입니다. 그런데 탐욕(욕망)이란 처음에는 아주 미미하게 시작하지만 점점 커져 제거하기 힘든 번뇌입니다.

아주 오래된 영화이지만, 말론 브란도와 비비안 리가 주연한 《욕망이라는 이름의 전차(A Streetcar Named Desire, 1951)》를 보면 인간의 욕망이 어떤 것인지 잘 알 수 있습니다. 게다가 영화 제목도 아주 적절하다고 생각합니다. 자동차는 스타트가 빨라 처음부터 속력을 낼 수 있습니다. 반면 기차나 전차는 처음부터 속력을 낼 수 없기 때문에 아주 천천히 출발합니다. 하지만 속력이 오르고 나면 곧 앞서가던 자동차를 추월하게 되고, 더구나 속도가 오른 전차는 정지시키려 해도 잘 멈추질 않습니다.

이처럼 우리들의 욕망도 처음에는 아주 미미하게 시작하지만 욕망에 빠지게 되면 전력질주하고 있는 전차와 같이 멈출 수 없게 되어 버리는 것입니다. 영화 속에서 여자 주인공 '비비안 리'도 처음에는 장난삼아 시작한 것이 점점 심해져 결국에는 욕망에서 빠져 나오지 못하고 자기를 파멸시키게 됩니다. 그래서 탐(貪)은 인간을 죽이는 독으로 비유할 만큼 아주 무서운 번뇌인 것입니다.

그럼에도 자본주의 사회를 살아가는 우리들은 욕망(탐욕)을 완전히 제거하고 살 수는 없습니다. 그 때문에 우리들의 삶은 괴롭습니다. 특히 우리들의 욕망은 '무한'한데 내가 원하는 재화는 다른 사람도 원하고 또한 '한정'되어 있습니다. 그 때문에 그 한정된 재화를 사이에 두고 무한 경쟁을 할 수밖에 없습니다. 사실 우리들의 삶의 토대가 되고 있는 자본주의는 인간의 욕망을 갉아 먹고 사는 괴물과도 같은 것입니다. 대중문화를 통해 끊임없이 우리들의 욕망을 자극하여 상품을 구매하도록 하면서 동시에 새로운 상품을 개발하며 광고를 통해 우리들에게 새로운 욕망을 자극합니다. 그래서 결코 인간을 만족할 수 없게 만듭니다. 이처럼 욕망으로 인해 결코 만족하지 못하는, 게다가 끊임없이 경쟁하는 자본주의에 사는 삶이 과연 행복일 수 있을까요?

그런데 만약 인간에게서 욕망을 제거한다면 어떻게 될까요? 우리들의 일상생활은 무기력할뿐 아니라 개인적인 성장이나 인류의 발전은 없게 될 것입니다. 왜냐하면 인간은 욕망을 통해 재산, 성취욕, 삶의 목적 등을 실현해 가기 때문입니다. 이처럼 욕망은 인간의 일상적인 개인 생활을 영위하는 데 아주 강력한 원동력이 될 뿐 아니라 열반의 성취를 방해하는 최대의 장애물이기도 합니다.

■ 진(분노하는 마음의 작용)

진이란 성낼 진(瞋) 자이기 때문에 '성냄'이나 '분노'를 뜻합니다. 구체적으로 말하면 인간이 선한 일이든 나쁜 일이든 자신의 마음에 들지 않을 때 분노하는 마음의 작용입니다. 우리들은 분노하면 즉 '화'를 내면 토론을 하든, 부부싸움을 하든, 그 무엇을 하든, 마음이 안정되지 않고 흥분된 상태이기 때문에 바른 사고를 할 수 없습니다. 그래서 흥분한 사람, 다시 말해 분노한 사람은 지게 마련입니다. 결혼한 사람이라면 자주 경험할 것이라고 생각합니다만, 부부싸움을 할 때 먼저 흥분하면 반드시 싸움에서 지게 됩니다. 필자는 흥분을 잘하는 성격이기 때문에 아내보다 항상 먼저 흥분해서 늘 부부싸움에서 집니다. 싸움에서 지고 나면 '먼저 흥분하지 말 걸' 늘 후회합니다. 그런데 그런

후회를 하고 다시는 아내보다 먼저 흥분하지 않을 것이라고 나름대로 대단한 각오와 맹세를 합니다. 그런데 또 막상 부부싸움이 시작되면 이전의 각오나 맹세는 까맣게 잊어버리고 또다시 먼저 흥분하고 분노합니다. 결국 아내에게 KO패를 당합니다. 그래서 요즘은 질 것이 뻔하기 때문에 웬만하면 부부싸움을 피하려고 노력하고 있습니다.

또 다른 예를 들어 보겠습니다. 우리들은 자기 자식을 사랑합니다. 그리고 사랑하는 자식이 자기가 원하는 대로 크기를 바라고, 자식에게 집착합니다. 만약 자식이 원하는 대로 크지 않고, 다시 말해 자신의 마음에 들지 않는 행동을 할 때 우리들은 분노합니다. 분노하게 되면 올바른 판단력을 상실합니다. 판단을 바르게 하지 못하면 마음에 들지 않는 자식에게 시도 때도 없이 화를 내게 됩니다. 그렇게 되면 아무 때나 화를 내는 자신에 대해 분노하게 되는 것입니다. 그리하여 자신의 마음은 괴롭게 되고 우울하고 불안하게 됩니다. 이처럼 분노하는 마음은 몸과 마음을 괴롭게 하여 모든 악업을 일으키는 근원이 되는 번뇌의 심소입니다.

■ 치〔어리석은 마음의 작용〕

치란 어리석을 치(癡) 자이기 때문에 어리석은 마음의 작용입니다. 그렇다면 무엇에 대한 어리석음일까요? 바로 세상의 이치나 도리에 대한 어리석음, 즉 진리에 미혹하고 어둡다는 것입니다. 불교적으로 표현하면 부처님의 가르침, 즉 무상·무아·공·연기·사성제 등의 진리를 이해하지 못하고 납득하지 못하는 어리석은 마음의 작용입니다. 그리고 논서에서는 '치는 나머지 아홉 가지 번뇌〔탐·진·의·만·악견(살가야견·변집견·사견·견취견·계금취견)〕 모두와 반드시 상응한다.'고 하였습니다. 결국 치는 모든 번뇌와 관계한다는 것입니다. 그래서 논서에서는 '모든 번뇌는 반드시 치로 말미암는다.'고 하여 치를 모든 번뇌의 근원이라고 하였습니다. 하여튼 불교〔유식〕에서는 탐진치의 번뇌를 삼독, 즉 우리들이 깨달음이나 열반을 얻는 데 최대 방해꾼이라고 합니다.

어리석음에 대해 말하다 보니 문득 떠오르는 것이 있어 잠깐 언급하고 본론으로 돌아갈까 합니다. 40대 이상의 독자라면 어느 정도 알고 있으리라 생각하는데, 『백치(白癡)

아다다」라는 유명한 소설이 있습니다. 게다가 '백치미(白癡美)'라는 말도 있습니다. 물론 '백치'라는 말은 '세상 물정을 모르는 순수한' 또는 '순수한 아름다움'의 의미가 강하지만, 한편으로 '백치'라고 하면 은근히 '바보'라는 말과 동일시하는 경향도 있습니다. 다시 말해 어리석다는 의미를 포함하고 있습니다. 사실 본인은 자신이 어리석음을 모르기 때문에 즐거울 수도 있지만 자신이 '백치'라는 상태를 알고도 즐거울까요? 모르기 때문에 즐거울 뿐입니다. 만약 자신이 백치라는 사실을 안다면 그녀의 삶은 얼마나 괴로울까요? 그렇다고 백치와 치를 동일하게 생각해서는 안 됩니다.

■ 만〔타인과 비교하여 자기를 높이려는 마음의 작용〕

다음은 만(慢)이라는 번뇌의 심소입니다. 여러분들도 누군가로부터 한번쯤은 '교만하지 마라'라는 말을 들어본 적이 있을 것입니다. 그런데 불교에서 계와 율을 구별하듯이, 유식에서도 '교만(憍慢)'을 교와 만으로 구별하여 사용합니다. 교에 대해서는 수번뇌를 설명하는 부분에서 자세하게 설명하겠지만, 교는 타인과 자신을 비교하거나 의식하지 않고 자신의 재산이나 학식 등에 도취되어 그것을 자랑하는 마음의 작용입니다.

반면 만은 교와는 다르게 타인을 의식합니다. 즉 만은 타인과 비교하여 자신을 높이고 타인을 낮추어 보려는 마음의 작용입니다. 그런데 이 만심은 우리들이 좀처럼 자각하기 어려운 번뇌입니다. 왜냐하면 만심이 있음에도 불구하고 만심이 없다고 착각하기 때문입니다. 게다가 만심이 있다는 것을 알아차리고 수행을 통하여 만심을 없애면 이번에는 만심을 제거했다는 또 다른 만심이 생깁니다. 이처럼 만심이 없어지더라도 또 다른 만심이 끊임없이 기다리는 것입니다. 그래서 만심은 제거하기 힘든 번뇌입니다.

유식의 논서에는 만심을 여덟 종류〔아홉 종류〕로 나누어 설명합니다.

첫 번째는 만(慢)입니다. 만이란 능력·재산 등이 자신보다 열등한 자에 대해 자신이 그보다 뛰어나다고 생각하거나, 능력·재산 등이 동등한 자에 대해 자신이 그와 동등하다고 생각하는 마음의 작용입니다. 다시 말해 만이란 자기보다 못한 자와 자기를 비교하여 자기가 뛰어나다고 생각하고, 자기와 동일한 수준의 사람과 비교하여 자기와 동일하다고 판단하는 것입니다. 이처럼 유식에서는 사실을 있는 그대로 생각하고 판단하는 마음을 번뇌라고 규정합니다. 그런데 어째서 유식에서는 이런 마음을 번뇌로 보는 것일까요? 유식에서는 자신과 상대를 비교하는 것 자체를 번뇌라고 규정하고 있기 때문입니다. 나는 저 사람보다 뛰어나다든지 저 사람과 동일하다든지 하는 것, 즉 상대를 의식하는 것 그 자체가 만심을 일으키는 근원이라고 생각하는 것입니다.

두 번째는 과만(過慢)입니다. 과만이란 능력·재산 등이 자기와 동등한 자에 대해 다른 측면, 예를 들면 희사·계율·용기 등에 있어 자기가 뛰어나다고 생각하거나 또는 집안이나 학문 등이 나보다 뛰어난 사람에 대해 자신은 능력·재산 등의 면에서 동등하다고 생각하는 것입니다.

세 번째는 만과만(慢過慢)입니다. 만과만이란 만심이 점차로 높아져 능력·재산 등이 자기보다 뛰어난 사람에 대해 자신이 뛰어나다고 내심 생각하는 것입니다. 다시 말해 자기보다 뛰어난 자에 대해 말로 표현은 못하고 마음속으로 혼자서 은밀하게 생각하는 것입니다.

네 번째는 비만(卑慢)입니다. 비만이란 능력·재산 등이 상대가 월등하게 뛰어나지만, 그 차이는 조금뿐이라고 생각하는 것입니다. 상대를 낮추고 자신을 높이려고 하다 보면 이런 번뇌는 늘 나타나게 마련입니다.

다섯 번째는 아만(我慢)입니다. 아만이란 자신의 덕이 아직 뛰어나지 못하지만 스스로 자신을 높이고 상대를 낮추는 번뇌입니다.

여섯 번째는 증상만(增上慢)입니다. 증상만이란 아직 얻지 못한 것을 이미 얻은 것처럼 상대를 속이는 것입니다. 다시 말해 상대보다 자신의 덕이 조금 뛰어나지만, 마치 상대보다 자신의 덕이 훨씬 뛰어나다고 하는 번뇌입니다. 증상만은 참선이나 수행할 때 가장 잘 드러나는 번뇌입니다. 예를 들면 아직 화두를 깨치지 못한 사람이 화두를 깨쳤다고 공언한다든지 아니면 수행 도중 아직 깨닫지 못했으면서 깨달음을 얻었다고 생각하는 것입니다. 따라서 증상만은 수행 중에 나타나는 일종의 허영심이라고 할 것입니다.

일곱 번째는 사만(邪慢)입니다. 사만이란 자신에게 덕이나 수행력 등이 전혀 없으면서도 자신은 보시도 잘하고 계율을 잘 지키고 뛰어난 덕이 있다고 하는 만심입니다. 사만도 증상만처럼 수행 중에 나타나는 허영심의 일종입니다. 이런 사만은 스님인 체하고 흉내 내는 사이비 스님이나 참선한다고 절에 들락거리는 유한마담들에게 나타나는 대표적인 번뇌입니다.

여덟 번째는 고거만(高擧慢)과 비하만(卑下慢)입니다. 고거만은 잘난 체하는 만심입니다. 비하만은 고거만과는 반대로 겉으로는 겸허하게 자신을 낮추지만 자신을 낮추는 그 마음을 자세하게 들여다 보면 그 속에 의외로 고만함이 잠재해 있는 만심입니다.

■ 의〔진리를 의심하는 마음의 작용〕

의란 의심할 의(疑) 자이기 때문에 의심하는 마음의 작용입니다. 우리들은 세상을 살아가면서 혹 모르는 것이 있으면 그 의혹이나 의심을 풀기 위해 질문을 하기도 합니다. 그런데 유식에서는 의심하는 것 자체를 번뇌라고 합니다. 그럼 왜 의심하는 것이 번뇌일까요? 의란 단순히 무엇을 의

심하거나 의문을 가지는 것이 아닙니다. 그렇다면 구체적으로 무엇을 의심하는 것일까요? 바로 '진리'를 의심하는 것입니다. 그 진리는 바로 '사성제나 세상의 도리'를 말합니다. 결국 의란 진리 자체를 의심하는 마음의 작용입니다. 진리 자체에 대한 믿음이 없으면 모든 것을 의심하게 되어 긍정적인 사고가 나올 수 없습니다. 모든 것을 부정적으로 보고 의심하는 사람이 과연 행복해질 수 있을까요? 아마도 힘들 것입니다. 유식에서 말하는 의(의심)와는 다르지만, 근대 서양철학의 아버지라고 불리는 데카르트도 모든 것을 의심하라고 가르치고 있습니다. 그렇지만 의심하는 '네 자신은 의심하지 말라'는 유명한 말을 남기고 있는 것입니다.

■ 악견〔진리에 대한 나쁜 견해를 가진 마음의 작용〕

악견이란 악할 악(惡), 볼 견(見) 자이기 때문에 진리에 대해 나쁜 견해 · 잘못된 견해를 말합니다. 다시 말해 악견이란 진리에 대한 잘못된 견해로 인해 사물의 실상을 있는 그대로 보는 것〔如實知見〕, 즉 바른 견해〔正見〕를 장애하여 괴로움을 초래하는 마음의 작용입니다. 이런 악견을 유식에서는 살가야견(薩迦耶見), 변집견(邊執見), 사견(邪見), 견취견(見取見), 계금취견(戒禁取見)의 다섯 종류로 세분합니다.

먼저 살가야견이란 범어 '존재하다'는 사트(sat), '몸[신체]'이라는 카야(kāya), '보다'는 드리스티(dṛṣṭi)로 이루어진 합성어를 소리 나는 대로 음사한 것입니다. 그래서 한역에서는 '신체[身]가 있다[有]고 집착하는 견해[見]'라는 의미로 유신견(有身見)이라고 합니다. 다시 말해 살가야견은 무상·무아인 자기의 존재 실체, 즉 '오온개공'임에도 불구하고 상주불변하는 것으로 생각하거나 자기가 가진 것에 집착하거나 애착하여 생기는 번뇌를 말합니다.

다음은 변집견 또는 변견입니다. 변집견이란 가장자리 변(邊), 잡을 집(執), 볼 견(見) 자로 이루어진 글자로 극단에 집착하는 견해라는 뜻입니다. 특히 변집견은 우리들이 죽으면 모두 사라진다는 단멸론과 죽으면 영혼과 같은 것이 영원히 존재한다는 상주론의 극단적인 견해를 말합니다.

우리들은 자신의 견해, 경험, 지식, 감정을 가지고 사물을 보고 판단합니다. 그렇기 때문에 끊임없이 자기의 견해가 바른지 그른지, 다시 말해 변집견에 빠져 있지 않은지 항상 점검하고 반성해야 하는 것입니다.

불교에서 말하는 대표적인 양극단에는, 이 세계는 존재한다거나 존재하지 않는다는 극단적인 입장인 유무론(有無論), 인간이 죽으면 모든 것은 사라진다는 단멸과 인간이 죽어도 영혼은 불변한다든지 하는 상주의 단상론(斷常論), 육체를 괴롭히는 고행과 애욕에 집착하는 쾌락의 극단적 입장인 고락론(苦樂論)이 있습니다. 그래서 부처님도 이러한 양극단에 벗어난 유무중도, 단상중도, 고락중도의 실천을 강조하였던 것입니다.

요즈음 남의 사고방식이나 남의 종교를 무시하고 자기의 사고방식이나 종교를 강요하는 집단이나 개인이 극성을 부리고 있습니다. 그런 집단이나 개인을 언제까지 보고 있어야 할지 우리들의 인내심을 시험하고 있는 것 같습니다. 이런 현실에 필자의 주위에는 너무 힘들어 하는 사람들이 많습니다. 그래서 제가 '그런 생각은 극단에 빠진 변견입니다. 부처님의 가르침과 위배됩니다.'라고 합니다만, 사실 이런 말을 하는 제 자신도 분노할 때가 한두 번이 아닙니다.

다시 말해 내가 믿고 있는 종교 이외에는 다 우상숭배라고 극단적으로 생각하는 좀벌레 같은 종교인들이 판치는 세상, 우리 편 아니면 적군이라는 극단적인 사고방식, 이것은 되고 저것은 안 된다는 우물 안 개구리 같은 좁은 소견이 마치 진리인양 판치는 일상생활에서 양극단을 벗어난 중도를 실천하기란 너무나 힘이 듭니다. 그렇다고 내 삶의 중요한 터전인 대한민국에서 부처님의 가르침을 포기할 수는 없습니다. 그렇기 때문에 우리들은 열심히 그리고 묵묵히 수행하는 길밖에 없을 것 같습니다. 나아가 양극단의 사고방식이 횡행하지 않도록 뜻있는 도반끼리 모여 행동으로 보여 주는 실천도 반드시 동반해야 할 것입니다.

다음은 사견(邪見)입니다. 사견은 사악 또는 간사할 사(邪) 자와 볼 견(見) 자로 이루어져 있는데, 일반적으로 부처님의 가르침인 연기 또는 인과의 도리를 인정하지 않는 견해입니다. 우리들은 보통 죄를 지으면 죄값을 받고, 좋은 일을 하면 좋은 과보를 받는다고 믿고 있습니다. 그런데 사견은 이런 인과의 도리를 부정하는 견해입니다. 그래서 견(見) 중에서도 사견은 가장 나쁜 것입니다.

다음은 견취견입니다. 견취견이란 자신의 사고방식이나 견해가 올바르다고 생각하는 견해입니다. 다시 말해 견취견은 자신의 주장만을 절대적으로 올바르다고 생각하는 심소로서 자신의 견해에 대해 반성하는 마음이 없습니다. 이와 같이 자신의 견해만이 옳다고 주장하면 타인과 화합하거나 타협할 수 없기 때문에 결국 싸움만이 있을 뿐입니다.

인류 역사를 보면 종교나 사상이 다르다는 이유만으로 타인을 살해하거나 전쟁을 일으키는 광란이 자행되어 왔습니다. 이것은 결국 자기의 종교나 견해만이 옳다는 생각에서 연유한 것입니다. 그래서 『성유식론』에서는 견취견을 '모든 투쟁의 의지처'라고 주석하고 있습니다.

다음은 계금취견입니다. 계금취견이란 잘못된 계율을 뛰어난 계율이라고 생각하고, 그것에 따라 살아가는 방식을 정당하다고 여기며, 그것에 의해 해탈에 도달할 수 있다고 집착하는 견해입니다. 다시 말해 자신이 믿고 있는 계율을 절대시하는 것입니다.

부처님 당시에도 잘못된 계율을 신봉하는 사람들이 많았습니다. 특히 고행, 즉 자기의 몸을 괴롭히는 것을 권장하는 계율을 바른 계율이라고 믿고, 그것을 실행하며 다른 계율을 전혀 인정하지 않는 마음의 작용입니다.

부처님은 인간의 가장 보편적인 계율인 오계와 팔재계의 준수를 우리들에게 요구하고 있습니다. 다시 말해 계금취견은 부처님의 가르침인 오계와 팔재계를 준수하지 않고 잘못된 계율인 고행 등을 지키며, 이것에 집착하는 심소입니다.

6 부수적으로 작용하는 번뇌의 심소

앞에서 언급한 번뇌는 번뇌 중에서도 근본이 되기 때문에 '근본번뇌'라고도 합니다. 그리고 근본번뇌에 부차적으로 작용하는 번뇌를 '수번뇌'라고 합니다. 수번뇌는 다시 소수번뇌 10개, 중수번뇌 2개, 대수번뇌 8개로 세분합니다.

■ 소수번뇌

소수번뇌는 분·한·복·뇌·질·간·광·첨·해·교의 10개를 말합니다. 그럼 무엇 때문에 소수번뇌라고 하였을까요? 소수번뇌는 적을 소(小), 따를 수(隨), 괴로울 번(煩), 괴로울 뇌(惱)로 이루어진 글자로, 수번뇌에 적을 소(小)가 수식어로 붙어 있습니다. 그래서 소수번뇌를 번뇌가 '적다', 즉 약한 번뇌로 생각하기 쉽습니다. 하지만 '적다'는 의미는 다른 번뇌와 공통점이 적다는 뜻이지 결코 약한 번뇌가 아닙니다. 다시 말해 소수번뇌는 다른 번뇌와 공통점이 적기 때문에 독자적인 성격이 아주 강한 번뇌입니다. 이제 구체적으로 소수번뇌가 어떤 번뇌인지 살펴보겠습니다.

● 분〔격렬하게 분노하는 마음의 작용〕

분이란 성낼 분(忿) 자이기 때문에 분노하는 마음의 작용입니다. 특히 분이란 지금 눈앞에 있는 상대가 마음에 들지 않을 때 지팡이로 때리거나 발로 차거나 물건을 집어던지거나 또는 비명을 지른다든지 하는 등의 폭발적인 분노를 말합니다.

우리들은 일상생활에서 내가 원하는 대로 상대〔남편, 아내, 자식, 상사, 부하직원 등〕가 움직여 주기를 바랍니다. 그렇지만 내가 원하는 대로 상대는 움직여 주지 않습니다. 그래서 늘 분노하며 살아갈 수밖에 없습니다. 특히 부모들은 자식에 대한 기대치를 포기하지 못하기 때문에 자식에게 분노하게 되는데, 자식에게 아무리 화가 나더라도 폭발적인 분노의 표현은 절대 삼가야 합니다. 자식에게 신체적 행위를 동반한 폭발적인 분노를 반복적으로 발산한다면 부모와 자식 간의 관계는 회복 불가능하게 되며, 서로가 서로에게 상처를 남겨 결국 번뇌가 되는 것입니다. 다시 말해 자식에 대한 탐욕을 버려야 분노하는 마음을 제거할 수 있다는 것입니다. 그리고 이런 탐욕을 버리기 위해 우리들은 열심히 수행하는 것입니다. 다만 참선한답시고 선방을 열심히 들락거리면서 선방에서 하는 행동과 집에 돌아와 자식에게 하는 행동이 다르다면 참선도 아무런 소용이 없을 것입니다.

"자식은 내 자신의 소유물이 아닙니다!"

그래서 부처님도 "나에게는 자식이 있다, 나에게는 재산이 있다고 하며 어리석은 사람은 그것들에 의해 고통을 받고 있다. 실로 자식은 자기의 것이 아니다. 어째서 자식이 내 것이고, 어째서 재산이 내 것인가!"(『법구경』 62)라는 가르침을 준 것입니다.

● 한 〔오랫동안 원한을 품는 마음의 작용〕

한(恨)은 원한이나 원망을 품는 마음의 작용입니다. "여자가 한을 품으면 오뉴월에도 서리가 내린다."는 속담이 있습니다만, 이때의 '한'과 유식에서 말하는 '한'은 의미가 상통합니다. 그런데 한은 어떻게 일어날까요? 앞에서 말하였듯이 분〔폭발적 분노〕의 결과로 일어납니다. 분은 일시적으로 폭발하는 마음의 작용이지만, 한은 오랜 기간 미워하거나 싫어한 결과로 일어난 것으로 장시간 지속합니다. 이처럼 오랜 시간 동안 상대를 미워하거나 싫어하여 원망하거나 원한을 품으면 번뇌가 되는 것입니다.

결국 한이 많다는 것은 가슴에 응어리가 많다는 것입니다. 가슴의 응어리는 남에 대한 원망이나 원한으로 나타납니다. 그리고 남에게 원한이나 원망을 품으면 남을 믿지 않게 되어 자기중심적으로 모든 것을 생각하게 됩니다. 이처럼 남을 믿지 않고 자기중심적으로 생각하면, 자비와 사랑을 바탕으로 하는 종교적인 신앙심도 이기적인 기복신

앙으로 전락하게 되는 것입니다.

　이런 현상은 현재 한국 기독교나 한국 불교에서 극명하게 잘 드러나고 있습니다. 오로지 우리〔자기〕 신도, 우리〔자기〕 교회, 우리〔자기〕 절, 우리〔자기〕 목사, 우리〔자기〕 스님, 내 가족, 내 자식만이 소중하게 됩니다. 게다가 자기가 다니고 있는 교회의 목사나 절의 스님이 아무리 나쁜 짓을 해도 감싸 주고 무조건 신뢰하는 집단적인 이기심이 되며, 그런 행위에 대해 아무런 자기반성이나 참회도 없습니다. 이런 사람들은 부처님이나 예수님의 가르침을 실천하는 진정한 불교도나 기독교인이라고 할 수 없습니다. 다시 말해 한이 많은 사람은 부처님이나 예수님의 가르침대로 살 수 없는 것입니다.

"우리 모두 가슴에 담고 있는 '한'을 풀면서 삽시다."

● 복〔자신의 잘못을 숨기고자 하는 마음의 작용〕

복이란 덮을 복(覆) 자이기 때문에, 자신의 잘못을 열심히 숨기고자 하는 마음의 작용입니다. 다시 말해 자신의 잘못으로 자신의 지위나 재산, 명예를 잃어버릴 수 있기 때문에 자신이 범한 죄를 숨기는 마음의 작용입니다. 그런데 자신의 허물이나 잘못을 숨기거나 은폐한다고 해서 그 허물이나 잘못이 없어질까요? '하늘이 알고 땅이 알고 내가 알고 있는데'라는 말이 있듯이 허물이나 거짓말은 결국 알려지게 됩니다. 그래서 부처님도 "하늘에 있어도 바다에 있어도 산속에 있어도 세상의 죄업으로부터 벗어날 곳은 없다."라고 한 것입니다.

그런데 이렇게 자기의 잘못을 숨기고자 하는 마음이 일어나는 것은 무엇 때문일까요? 바로 자기 자신에 대한 집착 때문입니다. 그렇지만 자신의 잘못을 은폐하고 숨기게 되면 나중에 후회하게 되고, 그러면 결국 우울한 기분이 생기게 되어 불안한 삶을 영위하게 됩니다. 즉 번뇌가 되는 것입니다.

● 뇌 [폭언하는 마음의 작용]

뇌(惱)란 폭언하는 마음의 작용입니다. 마음에 들지 않는 상대에게 화를 내고 계속해서 원망하거나 원한을 품은 결과, 비위가 뒤틀려 마음이 항상 괴로워 거친 말을 많이 하게 되는 마음의 작용입니다. 그러므로 뇌의 심소는 남을 늘 원망하고 다투고 남에게 거친 말을 많이 하기 때문에 다른 사람과 공동 생활하는 것이 힘들게 됩니다.

그런데 일상생활에서 우리들은 자주 뇌의 심소를 경험하게 됩니다. 잠을 자기 위해 누웠는데, 낮에 직장에서 일어났던 일을 생각하면 성질이 나서 잠이 오지 않습니다. 그래서 낮에 나를 괴롭게 했던 상대에게 혼자서 온갖 폭언을 합니다. 그러나 잘 생각해 보면 자기 혼자 흥분해서 폭언을 하고 있을 뿐입니다. 다시 말해 자기가 만든 허상에 사로잡혀 자신이 흥분하고 있음을 알 수 있습니다. 게다가 상대에게 한 그 폭언은 상대가 듣고 있는 것이 아니라 자신만이 듣고 있습니다. 그 폭언은 고스란히 자기 것입니다.

이런 경험은 운전을 해 보면 금방 알 수 있습니다. 어떤 차가 깜박이를 켜지 않고 갑자기 끼어들면 대부분의 운전자들은 급브레이크를 밟으면서 욕을 해댑니다. 그렇지만 그 욕을 듣는 사람은 상대 운전자가 아니라 내 자신과 내 차에 동승한 어린 자식이나 아내일 뿐입니다.

아내나 자식 앞에서 아무런 주저함도 없이 쌍스러운 욕설을 하는 남편과 아버지를 아내와 자식은 어떻게 생각할까요? 과연 존경할까요!

● 질〔질투하는 마음의 작용〕

질이란 시기할 질(嫉) 자이기 때문에, 질투하는 마음의 작용입니다. 특히 상대가 나보다 뛰어날 때 시기하거나 질투하는 마음의 작용입니다. '사촌이 땅을 사면 배가 아프다'는 속담이 있습니다만, 유식에서 말하는 질과 일맥상통한다고 생각해도 크게 틀리지 않습니다. 질이란 보다 구체적으로 설명하면 자신의 세간적인 영화인 명예나 재산·좋은 가정뿐만 아니라 뛰어난 수행력, 덕성, 공덕, 깨달음 등의 출세간적 영화를 구한 나머지 타인이 명예나 재산, 좋은 가정, 뛰어난 수행, 덕성, 공덕, 깨달음을 가져 잘되고 행복하게 되는 것을 기쁘게 봐 줄 수 없는 마음의 작용입니다. 그리고 상대의 잘되는 것을 시기하고 질투하게 되면 자신이 우울하게 됩니다. 결국에는 스스로 괴로워하여 자신은 불행한 삶을 살고 있다고 생각하는 마음입니다.

아마도 질투하면 떠오른 것은 셰익스피어의 유명한 비극인 『오셀로』일 것입니다. 오셀로는 부하의 간교한 속임수에 빠져 사랑하는 아내를 침대 위에서 목 졸라 살해하고, 자신도 슬픔과 회한으로 자살한다는 비극적 내용을 담고 있습니다. 그런데 오셀로가 그토록 사랑한 아내를 어떻게 목을 졸라 죽일 수 있었을까요? 그것은 바로 질투심 때문입니다. 오셀로의 부하는 오셀로의 질투심을 이용하였던 것입니다. 이처럼 질투심이 우리 인간에게 얼마만큼 영향을 미치고 우리의 삶을 불행하게 만드는지를 문학 작품을 통해서도 잘 알 수 있습니다.

● 간 (타인에게 인색한 마음의 작용)

간이란 아낄 간(慳) 자이기 때문에, 자기가 소유한 것이 아까워 타인에게 인색한 마음의 작용입니다. 다시 말해 자기가 가진 '재물'이나 '진리'에 대해 타인에게 베푸는 것에 인색한 것입니다. 그렇다면 구체적으로 진리에 인색하다는 것은 무슨 의미일까요? 불법, 즉 부처님의 가르침인 진리에 대해 다른 사람들에게 알려 주는 것에 인색하다는 것입니다. 진리를 타인에게 알려 주는 것에 왜 인색할까요? 우리들은 진리를 혼자 알고 있으면 자신에게 권위가 생겨 잘나 보이게 된다고 생각하기 때문입니다.

옛날에는 '글' 즉 한자를 안다는 것은 권력이었습니다. 그래서 글은 양반층만 읽게 하고 일반 백성이나 노비에게 글 읽는 것을 금지시켰습니다. 그리하여 조선의 양반들은 권력독점을 유지할 수 있었던 것입니다.

다음으로 재물의 인색에 대해 말해 보겠습니다. 인간은 재물을 모으면 모을수록 그것에 집착심이 강해지고, 자기 스스로 노력하여 뛰어난 기술을 습득하면 그 기술을 남에게 전수하기 싫어합니다. 즉 고생해서 모은 자기 재산이나 어렵게 습득한 기술을 타인에게 베푸는 것에 인색하게 됩니다.

● 광〔타인을 속이는 마음의 작용〕

광이란 속일 광(誑) 자이기 때문에, 남을 속인다는 뜻입니다. 구체적으로 말하면 자신의 이익을 위해 상대를 속이는 마음입니다. 보다 구체적으로 말하면 상대에게 자신을 속여서 과대 포장하는 마음의 작용입니다. 우리들은 자신을 포장하지 않고 있는 그대로 살고 싶다고 생각하지만, 자기도 모르게 부처님이나 성철스님이 된 것처럼 자기를 포장하여 흉내를 내기도 합니다. 그리고 일상생활에서도 예쁘게 치장하거나 명품 옷을 입고 자신을 과대 포장하여 살아갑니다. 이런 현상을 있게 만드는 것이 광이라는 마음의 작용입니다.

● 첨〔아첨하는 마음의 작용〕

첨이란 아첨할 첨(諂) 자이기 때문에 아첨하는 마음의 작용입니다. 특히 자기 삶의 방식까지 왜곡하면서 아첨하는 것을 말합니다. 유식학적으로 설명하면, 아첨하는 자는 남을 끌어들이기 위해 자신을 굽히고 시기에 따라 교묘하게 방편을 만들어 남의 마음을 잡거나 혹은 자기의 허물을 감추어 스승과 친구의 바른 가르침에 따르지 않는 것입니다. 결국 첨은 바른 가르침인 진리의 체득을 장애하는 마음입니다.

그리고 일상생활에서도 윗사람에게 늘 아첨하면서 살아가고 있습니다. 적당한 아첨은 원활한 인간관계를 위해 필요한 것이기는 하지만, 자기의 가치관마저 바꾸어가면서까지 남에게 아첨하는 것은 문제가 있습니다. 결국 지나친 아첨은 자기의 삶을 왜곡하고 나중에 후회하게 되기 때문에 번뇌가 되는 것입니다.

● 해〔남을 해치고자 하는 마음의 작용〕

해란 해칠 해(害) 자이기 때문에 자기 자신을 위해 남을 해치고자 하는 마음의 작용입니다. 여기서 남을 해치고자 하는 것은 남을 동정하는 마음이 없기 때문에 생기는 것이며, 자신을 보존하기 위해 살아 있는 생물을 살해, 결박, 구타하는 마음의 작용입니다. 이것은 앞에서 설명한 선한 심소 중의 하나인 '불해(不害)'와 반대 개념입니다.

● 교〔자신의 잘됨을 자랑하는 마음의 작용〕

교란 교만할 교(憍) 자이기 때문에, 자신의 번영을 자랑하는 마음의 작용입니다. 인간은 자신의 재능·능력·젊음·건강 등이 조금이라도 타인보다 뛰어나길 바랍니다. 그리고 남들보다 뛰어난 점이 발견되면 스스로 교만하게 됩니다.

교의 심소는 만(慢)과 아주 흡사하지만, 만은 자신과 타인의 관계를 강하게 의식하여 작용하는 심소입니다. 다시 말해 저놈과 비교해서 내가 더 잘났다고 생각하는 마음의 작용입니다. 반면 교는 그다지 타인을 의식하지 않고 내적으로 뽐내는 마음입니다.

자신을 자랑하는 마음의 작용은 수없이 많지만, 여기서는 몇 가지만 소개하겠습니다. 앞에서 잠시 언급했듯이 남들보다 건강하면 건강을 자랑하며, 남들보다 젊게 보이면 젊음을 자랑합니다. 게다가 자신의 출신을 자랑하거나 재산을 자랑하면서, 집안이 미천하거나 가난한 자를 무시하기도 합니다. 또는 오래 사는 것을 자랑하면서 젊은 사람에 대해 '젊은 놈이 뭘 알아', '젊은 놈은 고생을 몰라' 하면서 무시하는 경우도 있습니다. 심지어 어떤 사람은 섹스가 강하다고 자랑하는 사람도 있습니다.

특히 필자 주변에는 불교에 대한 박학다식을 자랑하는 사람이 많습니다. '벼는 익을수록 고개를 숙인다.'는 속담이 있습니다. 불법을 많이 공부하거나 불법을 많이 들었으면 고개를 숙여야 하는데, 도리어 고개를 쳐드는 사람이 많습니다. 이런 마음의 작용은 교에서 나오는 것입니다.

■ 중수번뇌

● 무참〔부끄러움이 없는 마음의 작용〕

● 무괴〔수치심이 없는 마음의 작용〕

중수번뇌인 무참(無慚)과 무괴(無愧)는 함께 설명하겠습니다. 먼저 중수번뇌는 불선한 마음속에 널리 퍼져 있는 수번뇌를 말합니다. 중수번뇌는 무참과 무괴 둘 뿐입니다. 선한 마음의 작용인 참과 괴가 부끄러워하는 마음의 작용이라면 무참과 무괴는 둘 다 부끄러움을 모르는 마음입니다. 이 중에서 무참은 자신과 진리(부처님의 가르침)에 대해 되돌아보지 않고 부끄러움을 느끼지 않는 것입니다. 이른바 자기의 양심과 진리에 비추어 반성하는 마음이 없는 것, 즉 내면적으로 부끄러워하는 마음이 없는 것입니다.

반면 무괴는 세간적인 것에 비추어 부끄러움이 없는 수번뇌입니다. 무참이 자신의 잘못에 대해서 스스로 부끄럽게 생각하지 않는 것이라면, 무괴는 자신의 잘못에 대해 타인에게 부끄럽게 생각하지 않는 마음으로서 이른바 외면적으로 부끄럽게 생각하지 않는 마음의 작용이라고 할 수 있습니다. 예를 들어 여러분들이 버스나 지하철 좌석에 앉아 있는데 할머니 한 분이 앞에 서 계신다고 가정해 봅시다. 눈을 감고 자는 척하지만 마음이 별로 편하지 않습니다. 마음이 편하지 않은 이유는 타인들이 나를 어떻게 생각할까 하는 수치심 때문입니다. 다시 말해 타인의 시선(외면적인 시선) 때문에 수치심을 느끼는 것입니다. 그렇지만 이런 수치심이 없다면 할머니에게 좌석을 양보하지 않아도 태연하게 앉아갈 수 있을 것입니다. 그러나 우리나라에서 한 치의 부끄러움도 없이 당당하게 앉아 가는 사람이 과연 몇이나 있을까요!

　필자는 개인적으로 보조국사 지눌스님이나 일본의 유명한 선승 도원(道元)스님의 가르침인 '회광반조(廻光返照)' 또는 '반조자심(返照自心)'이라는 말을 아주 좋아합니다. 돌 회(廻), 빛 광(光), 돌아올 반(返), 비출 조(照), 즉 '밖으로 향하고 있는 빛을 되돌려 안으로 향하여 비춘다'는 의미로서, 이른바 '자기의 시선을 밖으로 향하는 것이 아니라 자기 내면으로 향하여 자신의 마음을 점검(반성)한다'는 뜻입니다. 우리들은 언제나 자기 바깥에서 모든 것을 구합니다. 그렇지만 깨달음은 바로 바깥으로 비추는 것이 아니라 자신에게 비추는 것입니다. 이것은 바로 불교의 핵심인 마음공부를 말하고 있는 것입니다. 결국 불교공부는 자신을 반성하여 부끄러워하는 것으로부터 출발함을 의미하는 것입니다. 그래서 부끄러움이 없는 것(무참과 무괴)은 인간이라 할 수 없는 것입니다.

■ 대수번뇌

대수번뇌는 더러운 마음에 두루 존재하는 수번뇌입니다. 그런데 대수번뇌는 불선과 같은 확실한 성질일 뿐만 아니라 더럽고 아주 세밀한 마음의 상태입니다. 그래서 대수번뇌는 의식과 함께 작용할 뿐만 아니라 집요하게 자아에 집착하는 말나식과도 함께 작용합니다. 이 대수번뇌는 도거(掉擧)・혼침(惛沈)・불신(不信)・해태(懈怠)・방일(放逸)・실념(失念)・산란(散亂)・부정지(不正知)의 8개입니다.

● 도거〔흥분한 마음의 작용〕

도거란 흔들 도(掉), 들 거(擧) 자이기 때문에, 들어서 흔든다는 의미입니다. 여기서 마음이 흔들린다는 것은 결국 마음이 흥분하여 안정되지 못한 상태를 말합니다. 즉 도거는 마음이 불안한 마음의 작용입니다. 우리들의 마음이 안정되지 못하고 흥분되어 있다면 사리판단이 흐려져 제대로 바른 판단을 할 수 없게 됩니다. 바른 판단을 내리지 못하면 결국 잘못된 판단으로 인해 고통을 받게 되기 때문에 번뇌가 되는 것입니다.

혹시 몸이 아파 병원이나 검찰에 출두 명령을 받아서 오랫동안 기다려 본 경험이 있는 분은 도거라는 마음의 작용을 금방 알아차릴 수 있을 것입니다. 요즘에는 예약하고 병원에 가기 때문에 한 시간 이상 기다리는 경우는 거의 없지만, 옛날에는 한 시간 내지 두 시간 기다리는 것은 보통이었습니다. 그때 안절부절못하면서 기다리는 마음 상태가 바로 도거상태입니다. 그런데 도거는 분의 심소처럼 타인에게 직접적으로 피해를 주는 것은 아니지만, 마음이 흥분한 상태이기 때문에 수행을 방해하는 심소입니다.

● 혼침〔지나치게 의기소침한 마음의 작용〕

혼침이란 어리석을 혼(惛)과 가라앉을 침(沈) 자로 이루어진 단어로서 마음이 어둡고 가라앉아 있다는 의미입니다. 다시 말해 혼침은 도거와 반대로 마음이 지나치게 가라앉아 의기소침한 상태를 말합니다. 마음이 지나치게 의기소침해지면 매사에 긍정적인 사고는 사라지고 항상 부정적으로 변해 그 결과 자신감을 상실하게 됩니다. 이처럼 매사에 자신이 없으면 대인기피증이 생기고, 결국 우울증 증세로 이어지게 됩니다.

요즘 우리 사회에는 자살을 생각하는 사람이 많고, 실제로 자살하는 사람도 많습니다. 특히 심한 우울증에 빠져 자녀와 동반 자살하는 경우도 가끔 뉴스를 통해 접하게 됩니다. 이런 극단적인 선택을 하게 되는 최초의 원인은 혼침의 작용 때문이라고 생각합니다. 따라서 혼침에 빠지지 않기 위해서는 부단한 마음공부를 통해 긍정적인 마음 자세를 가지도록 노력해야 합니다.

이처럼 혼침은 직접적으로 상처를 주는 심소는 아니지만 내면적인 평온을 잃게 만듭니다. 그래서 '도거는 마음의 평정을 잃게 하고 혼침은 지혜를 잃게 한다.'고 합니다. 특히 도거와 혼침은 수행 중에 자주 나타나 수행을 방해합니다. 수행 중에 마음의 흥분 상태인 도거와 마음이 지나치게 가라앉은 혼침은 수행에 도움이 되지 않을 뿐만 아니라 그 수행은 오래 지속되지도 못합니다. 그래서 옛 선사들은 평범한 일상생활 속의 수행이 최고의 수행이라고 한 것입니다.

● 불신〔타인을 믿지 않는 마음의 작용〕

불신이란 아니 불(不)과 믿을 신(信) 자이기 때문에, 믿음이 없다는 뜻입니다. 구체적으로 말하면 불신이란 불법승의 삼보 및 연기, 사성제 등의 부처님의 가르침을 믿지 않는 것입니다.

우리들이 살고 있는 사회는 믿음을 토대로 구성되어 있다고 해도 과언이 아닙니다. 버스나 지하철을 탈 때도 운전수를 믿고 타는 것이며, 물을 관리하는 수자원공사를 믿고 수돗물도 마십니다. 이처럼 인간사회는 믿음을 토대로 구성되어 있다고 할 것입니다. 마찬가지로 부처님의 가르침도 믿음에서 시작합니다. 그런데 불신이란 이런 것들을 믿지 않는다는 것입니다.

특히 불신은 인간과 인간 사이의 관계를 단절시키는 실로 무서운 작용을 합니다. 부부 사이나 친구 사이에 어떤 일을 계기로 한 번 믿음이 상실되면 그것을 되돌리기란 힘듭니다. 한 번 불신감을 가지면 모든 관계가 붕괴해 버리며, 그 사람의 모든 행위를 전부 신용할 수 없게 되어 버립니다. 따라서 불신은 무서운 것입니다. 불신의 심소도 직접적으로 타인에게 상처를 입히거나 때리지는 않지만, 믿음이라는 연결고리가 끊어져 버리기 때문에 그 자신은 차갑고 고독한 외로움에 빠지게 됩니다. 이런 상태에서는 궁정적이고 창조적인 마음의 움직임은 없게 되는 것입니다.

● 해태〔게으른 마음의 작용〕

해태란 게으를 해(懈)와 게으를 태(怠) 자로 이루어진 말로, 게으르다는 의미입니다. 이것은 정진의 반대말로 이른바 수행하려는 마음이 없이 세간적인 안락에 빠져 있는 마음입니다. 보다 구체적으로 말하면 선을 적극적으로 행하고 나쁜 것을 방지하는 것에 게으름을 피우는 마음의 작용입니다.

● 방일〔게으른 마음의 작용〕

방일이란 놓을 방(放), 달아날 일(逸) 자로 이루어진 말로, 해태와 마찬가지로 수행하는 것에 게으른 마음의 작용입니다. 이처럼 해태와 방일은 둘 다 게으른 마음의 작용인데, 해태는 선을 닦고 악을 방지하는 데 게으른 마음이고, 방일은 더러움을 방지하고 깨끗함을 닦는 것에 게으른 마음입니다.

● 실념〔기억하지 못하는 마음의 작용〕

실념이란 잃어버릴 실(失)과 생각할 념(念) 자로 이루어진 말이기 때문에 생각, 즉 기억하지 못한다는 뜻입니다. 실념의 반대말인 념이란 과거에 경험한 대상〔이전에 배운 것이나 경험한 것〕을 확실하게 기억하여 잊지 않고 유지하려는 마음의 작용이었습니다. 따라서 실념은 과거에 경험한 것을 기억하지 못하는 마음의 작용입니다.

그러면 과거의 경험을 기억하지 못하는 것이 어째서 번뇌일까요? 인간이 나이를 먹고 세월이 흐르면 기억력이 감퇴하여 잊어버리는 것은 어쩌면 당연한 사실일지도 모릅니다. 그런데 유식에서는 기억하지 못하고 잊어버리는 것을 번뇌라고 합니다. 유식에서 말하는 실념이란 단순한 기억력의 감퇴가 아니라 불법승의 삼보에 대한 깊은 인식이나 동경을 잊어버리는 것을 말합니다. 다시 말해 실념이란 일상생활에서 수없이 접하는 단순한 잊어버림이 아니라 부처님의 가르침을 기억하지 못하고 잊어버리는 것을 말하는 것입니다.

● 산란〔산만한 마음의 작용〕

산란이란 흩어질 산(散)과 어지러울 난(亂) 자이기 때문에, 마음이 똑바로 안정되지 못하고 어수선하거나 산만한 상태를 말합니다.

산란은 도거의 심소처럼 마음이 안정되지 못한 점에 있어서는 아주 흡사합니다. 그렇다면 둘의 차이점은 무엇일까요? 도거는 마음 자체가 흥분한 상태를 말합니다. 다시 말해 내면적으로 흥분한 상태라고 할 수 있을 것입니다. 반면 산란은 대상이 정해져 있지 않고 산만한 상태를 말합니다. 이른바 마음의 방향이 갈팡질팡하고 있는 것입니다. 그래서 산란은 욕망에서 벗어나는 것을 방해하는 마음입니다. 이처럼 산란도 도거나 혼침처럼 수행을 방해하는 대표적인 번뇌입니다.

● 부정지〔잘못 알고 있는 마음의 작용〕

부정지란 아니 불(不), 바를 정(正), 알 지(知) 자로 이루어진 말이기 때문에 반드시 알아야 할 대상에 대해 잘못 알고 있는 마음의 작용입니다. 다시 말해 무상, 무아, 공인 자기의 진실한 모습을 알지 못하는 것입니다. 결국 부정지는 지혜의 눈이 생기지 못하도록 방해하는 번뇌입니다. 그런데 우리들은 보통 내 자신이 무엇을 잘못 알고 있는지 알지 못합니다. 우리들은 자신이 알고 있는 것이 바르다고 착각하면서 살아갑니다.

그렇다면 내가 잘못 알고 있는 것을 바르게 알게 해 주는 것은 무엇일까요? 내 자신이 잘못 알고 있다는 것을 일깨워 주는 것은 바른 지〔正知〕나 바른 견해〔正見〕를 통해서만이 가능합니다. 그리고 바른 앎이나 바른 견해는 수행을 통해서 비로소 얻을 수 있습니다. 그래서 우리들은 열심히 수행을 해야 하는 것입니다.

이상, 번뇌를 근본번뇌 6개 내지 10개와 수번뇌 20개로 나누어 설명했습니다. 사실 우리들은 선한 심소보다 번뇌의 심소에 친숙한 존재입니다. 그러므로 선한 마음을 가져 선한 행위를 하는 것도 중요하지만, 번뇌를 제거하여 선하지 않는 마음을 제거하는 것이 보다 중요합니다. 그래서 유가행파는 수행을 통해 번뇌에 물든 자신들의 마음을 하나하나 알아차리고 제거해 나갔던 것입니다. 우리들이 수행하는 목적도 결국 번뇌에 물들어 있는 마음을 제거하여 깨끗하게 해 나가는 과정입니다.

그런데 한 가지 흥미로운 사실이 있습니다. 유식에서는 인간의 선한 마음과 나쁜 마음〔번뇌〕을 서로 대비시켜 마음을 분석했다는 것입니다. 구체적인 예를 들어 보겠습니다. 어떤 대상이나 사람에게 불신이 일어났다고 합시다. 그런데 그 대비되는 마음인 신(믿음)의 심소를 일으키면 그 불신의 심소는 제거되는 것입니다. 다시 말해 나쁜 마음은 선한 마음에 의해 제거될 수 있다는 관점에서 좋은 마음과 나쁜 마음을 대비시켜 분석하고 있는 것입니다. 예를 들어 보면 다음과 같습니다. 즉 탐진치는 무탐, 무진, 무치로 대비되며, 참과 괴는 무참과 무괴, 근은 해태, 경안은 혼침, 불해는 해, 행사는 도거, 신은 불신으로 대비시킬 수 있습니다. 이것은 마치 빛을 비추면 어둠이 사라지듯이, 선한 마음을 일으키면 나쁜 마음이 사라지는 이치일 것입니다.

7 부정의 심소

마지막 심소는 부정입니다. 아니 부(不)와 정할 정(定) 자이기 때문에 '정해지지 않았다'는 의미입니다. 그런데 무엇이 정해지지 않았다는 것일까요? 부정의 심소는 선인지 악인지 무기인지 정해지지 않았다는 뜻입니다. 즉 선악, 무기 어느 쪽에도 고정되지 않은, 다시 말해 선, 악, 무기의 가능성을 가진 마음의 작용입니다. 부정의 심소는 회·면·심·사의 4개입니다.

■ 회〔뉘우치는 마음의 작용〕

회란 뉘우칠 회(悔) 자이기 때문에, 후회하는 마음의 작용입니다. 우리들은 일상생활에서 끊임없이 후회하면서 살아갑니다. 젊은 사람은 젊은 사람대로 후회하고, 나이 든 사람은 나이 든대로 후회하면서 살아갑니다. 다시 말해 후회하지 않는 사람은 아무도 없다는 것입니다.

그런데 우리들이 후회하는 것에는 악을 행한 것에 대한 후회가 대부분이지만, '그 친구에게 좀 더 잘 해 주었으면 좋았을 걸', '살아계실 때 부모님께 좀 더 잘할 걸' 등과 같이 선을 행한 다음에 후회하는 경우도 있습니다. 다시 말해 나쁜 일을 한 후에 후회하는 경우와 선한 일을 한 후에도 후회하는 경우가 있습니다. 특히 이 중에 나쁜 짓을 한 후에 후회하는 것은 마음이 안정되는 것을 방해합니다.

이처럼 회〔후회〕는 선악 어느 쪽으로 작용하는지 정해지지 않았기 때문에 부정의 심소입니다. 그런데 회는 지극히 일상적인 후회나 과오도 포함하지만, 이것이 종교적인 깊은 반성으로 이어지면 인간을 완전히 바꿀 수 있는 회심이나 성찰의 계기가 되게 하는 심소〔마음의 작용〕이기도 합니다. 따라서 회는 종교심을 일으키는 아주 중요한 역할을 하는 마음입니다.

■ 면(졸음)

면이란 잠잘 면(眠) 자이기 때문에, 수면이나 졸음을 의미합니다. 사람이 잠을 자거나 졸면 몸이 자유롭지 못하고 마음이 극히 어둡고 열등해집니다. 다시 말해 졸음이 오면 우리들의 의식은 자연스럽게 몽롱하게 됩니다. 따라서 자연스러운 신체적인 졸음 그 자체는 번뇌가 아닙니다. 자야 할 때 자는 것은 좋은 수면입니다. 그렇지만 잠을 자서는 안 되는 경우, 예를 들면 선정 중의 졸음이나 공부 시간에 조는 것은 나쁜 수면, 즉 번뇌가 되는 것입니다. 나쁜 수면의 전형적인 예를 하나 들어보겠습니다.

부처님의 십대제자 중에 아나율이라는 분이 있습니다. 아나율은 석가족 출신으로 아난다, 제바달다, 우팔리 등과 함께 부처님의 제자가 됩니다. 그런데 어느 날 부처님 설법 중에 그만 졸고 말았습니다. 그는 부처님의 설법 중에 잔 것을 진심으로 후회하고 7일 밤낮으로 잠을 자지 않고 수행을 하다가 그만 시력을 잃게 되었습니다. 그런데도 열심히 수행하여 드디어 천안통을 얻게 되어, 천안제일 아나율이라는 호칭을 얻게 되었습니다. 아나율의 일화처럼 수면은 좋은 수면과 나쁜 수면 양쪽으로 작용하기 때문에 부정의 심소입니다.

■ 심과 사〔대상을 추구하는 마음〕

심이란 찾을 심(尋) 자이기 때문에 찾아서 구한다는 뜻이고, 사란 살필 사(伺) 자이기 때문에 자세하게 살핀다는 뜻입니다. 둘은 비슷한 마음의 상태이지만, 심은 사보다 두드러지고(거칠다), 사는 심보다 미세(섬세)하다고 합니다. 이처럼 둘은 두드러지다·미세하다는 차이점은 있지만, 선악 어느 쪽으로도 결정되어 있지는 않습니다. 그래서 부정의 심소입니다.

　이상으로 51개의 심소, 즉 마음의 작용에 대한 설명을 마쳤습니다. 너무나 장황하게 많은 심소를 설명했기 때문에 지루한 감이 없지는 않지만, 아마도 참선이나 위빠사나 수행을 하고 있는 분들은 각각의 심소에 대한 설명을 쉽게 이해했을 것으로 생각합니다. 수행 경험이 없는 분들께서도 수행을 통해 여러 가지 마음의 작용들을 직접 한번 체험해 보시기를 권합니다.

이처럼 유식의 심리분석은 오늘날 우리들의 시각〔현대심리학〕으로 보아도 수긍할 수 있는 측면을 가지고 있습니다. 그런데 여러분들이 반드시 기억해야 할 것은 무엇 때문에 인간의 심리를 이렇게 세세하게 분석했는지를 알아야 할 것입니다. 유식은 단순히 학문적으로 인간의 심리〔심소〕를 분석한 것이 아니고, 불교의 목표 즉 우리들을 미혹에서 깨달음으로 인도하기 위한 것임을 숙지해야 합니다. 이것이 서양의 심리학과 다른 점입니다. 그래서 수행론〔실천론〕이 반드시 등장하는 것입니다. 수행론에 대해서는 나중에 자세하게 설명하겠습니다.

지금까지 기술한 심왕과 심소의 관계를 도표로 그리면 다음과 같습니다.

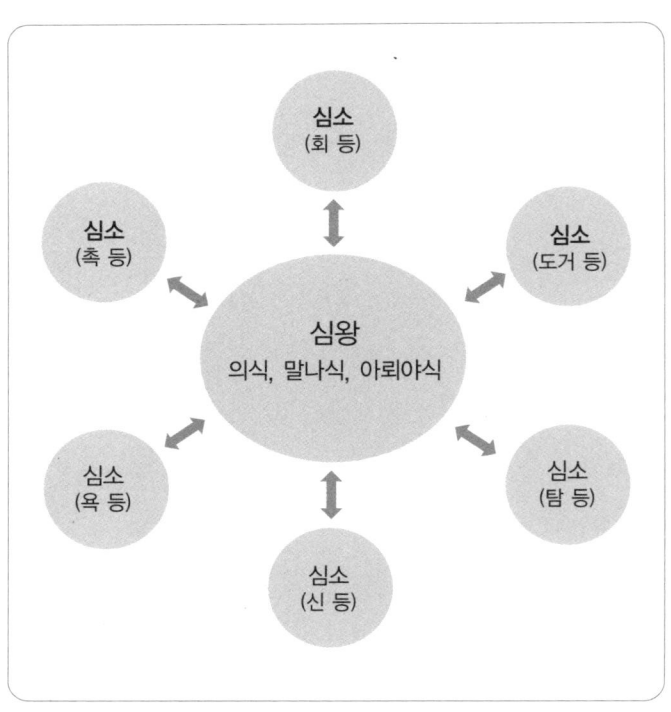

4장

마음은 어떤 상태로 존재할까요?

1 마음의 존재양태, 삼성설

유식의 중심사상은 마음을 8개, 마음의 작용을 51개로 분류한 심식론(心識論)과 마음의 존재양태를 세 가지로 설명한 삼성설(三性說), 그리고 유식의 실천수행론인 5위설로 나눌 수 있습니다. 지금까지는 8개의 마음과 51개의 심소〔마음의 작용〕에 대해 자세하게 설명했습니다만, 이제부터는 두 번째 주제인 삼성설에 대해 설명하겠습니다. 삼성이란 마음의 존재양태 또는 사물의 존재양태를 세 가지로 분류한 것으로써 변계소집성〔상상되어진 것〕, 의타기성〔다른 것에 의지하는 것〕, 원성실성〔완성되어진 것〕을 말합니다.

2 변계소집성

먼저 변계소집성에 대해 설명하겠습니다.

　변계소집성(遍計所執性)이란 두루 변(遍), 헤아릴 계(計), 바 소(所), 잡을 집(執), 성품 성(性) 자로 이루어진 개념으로, 해석하면 '두루 사유 분별된 것을 자성으로 하는 것'이라는 의미입니다. 조금 어렵지만 이것은 철학적으로 설명하면 '관념〔사유 분별〕에 의해 구축된 가설적 존재'를 뜻합니다. 즉 모든 존재는 실체가 없는 무아, 공한 존재이지만, 우리들은 마음을 포함한 모든 존재를 실체가 있다고 집착하고 있다는 것입니다. 보다 쉽게 말하자면 우리들의 존재나 인식은 모두 중연소생(衆緣所生)이라는 것을 이해하지 못하고, 그것을 대상화·고정화·실체화하는 미망의 마음을 말합니다.

특히 변계소집성은 언어와 관계가 깊습니다. 다시 말해 분별이란 '어떤 대상을 다른 것과 확실하게 구별하는 마음의 작용'입니다. 그런데 어떤 대상을 구별한다는 것은 언어가 반드시 개입합니다. 예를 들어 누군가가 어떤 자동차를 가리키며 "무슨 자동차야?" 물으면 그것을 본 사람들은 "응 산타페야"라고 다른 자동차와 구별하여 인식합니다. 즉 언어를 사용하여 사물을 구별한다는 것입니다. 그런데 사물을 구별하기 위해 이름 붙인 것은 모두 실체가 아니고 가명입니다. 따라서 두루 분별된 것을 본성으로 하는 것은 그 자체로서는 일체 존재하지 않으며, 일종의 주관 내에 언어를 통해서 구성(구상)된 것이라 할 수 있습니다. 즉 존재론적으로는 어떠한 의미도 존재하지 않는다는 것입니다. 그렇지만 우리들은 언어에 의해 구상된 것을 실체가 있다고 착각하면서 살아가고 있습니다. 이것을 변계소집성이라고 합니다.

그렇다면 이러한 언어적 구상은 어디에서 비롯된 것일

까요? 유식에서는 아뢰야식에 저장된 종자에서 비롯된 것이라고 합니다. 종자는 앞에서도 말했듯이 언어적 개념의 종자인 명언종자〔등류습기〕와 업종자〔이숙습기〕로 나누어집니다. 여기서 명언종자가 세계의 인식을 가능하게 하는 종자라면, 업종자는 각각의 유정이 태어나는 세계를 결정짓는 종자라고 할 수 있습니다.

3 의타기성

의타기성(依他起性)이란 의지할 의(依), 다를 타(他), 일어날 기(起), 성품 성(性) 자로 이루어진 말로, 해석하면 '존재하는 모든 것(8개의 마음, 51개의 심소)은 다른 것을 의지하여 생기하는 것을 본질(性)로 한다.'는 뜻입니다. 다시 말해 다른 것에 의지하여 생기한다는 것은 스스로 존재할 수 없다는 연기(조건)적인 존재라는 것입니다. 이것을 어려운 말로 하면 모든 것은 인연생기(因緣生起)한다는 것입니다. 인연생기하는 존재는 자기의 고유한 성질이 없는 무자성한 것입니다. 그리고 자기의 고유한 성질이 없다는 것은 결국 공(空)이라는 의미입니다. 따라서 모든 존재가 다른 것에 의존해서 존재한다는 것은, 즉 의타기성이란 연기, 무자성, 공의 다른 표현이라고 할 수 있습니다. 그런데 모든 것은 다른 것에 의존하는 존재, 즉 연기적 존재임에도 불구하고 자성이 있다고 집착하면서 우리들은 살아갑니다.

앞에서 '모든 것은 조건(연기)에 의해서 만들어지고 조건에 의해서 변한다.'고 조금 어려운 말로 설명했습니다만, 이것을 우리들의 일상생활에 적용하여 설명하면 다음과 같습니다. 예를 들어 여러분들이 자주 애용하는 백화점에 가서 양복 또는 원피스를 입어 보았다고 합시다. 백화점의 은은한 조명 아래에서 입어 보니 너무 마음에 들어 거금을 주고 구입했습니다. 그런데 백화점의 은은한 조명 아래에서 보았던 색깔과 달리 자연 광선인 태양 아래에서 본 양복 색깔은 너무 달라 전혀 마음에 들지 않는 경우가 종종 있습니다. 왜 똑같은 양복인데 백화점에서 입어 보았을 때는 마음에 들었지만, 햇살 아래에서는 마음에 들지 않을까요? 왜 그럴까요? 왜냐하면 주변의 조건(연기)이 변했기 때문입니다. 이처럼 조건에 따라 모든 것(마음과 사물)은 변하는 것입니다.

이것을 쉽게 말하면 의타기성이라고 하는 것입니다.

4 원성실성

원성실성(圓成實性)이란 원만·충만·편재하다는 둥글 원(圓), 성취하다는 의미의 이룰 성(成), 진실하다는 의미의 열매 실(實), 성품 성(性) 자로 이루어진 말로, '완전하게 성취된 것을 본성으로 하는 것'이라는 뜻입니다. 다시 말해 원성실성이란 이미 완성된 것이기 때문에 '진여'와 같은 뜻입니다. 진여에서 진(眞)이란 진실하여 허망하지 않는 것, 즉 변계소집성이 아닌 것을 말합니다. 여(如)란 변하거나 생멸하지 않는 불변이(不變易), 즉 의타기성이 아닌 것을 말합니다. 그래서 진여란 원성실성, 공성, 무상, 승의, 법성 등과 같은 의미입니다. 그렇지만 우리들은 존재하는 모든 것은 연기적 존재〔의타기성〕임에도 불구하고 마치 자성을 가지고 존재하는 것으로 착각〔변계소집성〕합니다. 이 착각으로부터 벗어나는 것이 곧 원성실성입니다.

그러므로 우리들은 진여, 즉 원성실성을 목표로 공, 무아가 되기 위해 열심히 노력하는 상구보리(上求菩提)를 실천해야 하며, 동시에 현실세계인 의타기성에 머물러 중생을 구제하고자 하는 하화중생(下化衆生)을 매일매일 실천하는 삶을 살아야 하는 것입니다.

유식의 삼성설을 서양철학적으로 표현하면, 세계 내에 존재하는 갖가지의 존재형태〔마음 및 사물〕를 분석한 존재론이라고도 말할 수 있습니다. 즉 변계소집성은 언어에 그 존재기반을 두고 있고, 의타기성은 연기적 존재이며, 원성실성은 그 연기적 존재의 본성입니다. 다른 말로 표현하면 변계소집성은 명칭에 의해 세워진 것〔名言所計〕, 의타기성은 온갖 조건에 의해 생긴 것〔衆緣所生〕, 원성실성은 있는 그대로의 참된 실재〔眞如〕입니다.

반면 삼성설을 관계론적으로 설명하면, 의타기성의 분

별을 실재하는 것이라고 집착하는 것이 변계소집성이고, 그 같은 분별이 제거된 것이 원성실성이라고 할 수 있습니다. 다시 말해 존재하는 모든 것은 연기적 존재, 즉 의타기성입니다. 그렇지만 연기적 존재를 마치 실체가 있다고 집착하는 것이 변계소집성입니다. 그리고 모든 것이 연기적 존재라고 깨닫는 것이 바로 원성실성입니다. 그래서 의타기성과 원성실성의 관계는 다르지도 않고(非異) 다르지 않는 것도 아니(非不異)라고 합니다.

우리들은 모든 것을 이분법적으로 해석하는 서양철학이나 서양의 종교에 익숙해져 일상생활에서 깨달음과 미혹, 승의와 세속, 존재와 비존재, 사실과 거짓, 추함과 아름다움, 의타기성과 원성실성 등과 같이 서로 대립하는 언어로 구별합니다. 그러나 불교(유식)에서는 양자(의타기성과 원성실성 등)를 다른 것도 아니고 다르지 않은 것도 아니라고 파악합니다. 이런 의미에서 유식에서는 의타기성과 원성실성은 다르지도 않고, 다르지 않은 것도 아니라고 합니다.

그렇다면 의타기성과 원성실성이 '다르지도 않고 다르지 않는 것도 아니다.'라고 하는 것은 무슨 말일까요? 원성실성은 공의 다른 말입니다. 그래서 원성실성과 많은 인연에 의해 생기하는 의타기성과는 다르다는 것입니다. 왜냐하면 다른 것에 의존해서 존재하는 것은 연기적 존재〔의타기성〕입니다. 연기적 존재는 생멸하는 유위법〔만들어진 것〕입니다. 유위법은 생기〔生〕, 유지〔住〕, 변화〔異〕, 소멸〔滅〕하는 성질을 가진 존재를 말합니다. 다시 말해 인〔직접적인 원인〕과 연〔간접적인 원인〕에 의존해서 존재한다는 것입니다. 이처럼 연기적 존재는 자성이 없기 때문에 무상이고 공입니다. 반면 진여, 열반은 불생불멸의 무위법입니다. 만들어지지 않은 것〔무위법〕은 생기〔生〕, 유지〔住〕, 변화〔異〕, 소멸〔滅〕을 벗어난 것으로 결국 인연에 의해 만들어진 것이 아니라는 것입니다. 이와 같은 관점에서 보면 의타기성과 원성실성은 '다르다〔異〕'고 할 것입니다.

그러나 공〔진리〕의 관점에서 보면 의타기성과 원성실성이 다른 것은 아닙니다. 왜냐하면 진여, 공, 열반, 무상, 무아의 진리는 현실존재를 떠나 존재하는 것이 아니며, 현실 그 자체가 바로 진여, 열반, 무상, 무아이기 때문입니다. 그래서 『반야심경』에서는 '색불이공 공불이색 색즉시공 공즉시색'이라고 표현하고 있습니다. 색불이공은 눈에 보이는 현상〔색〕에는 실체가 없다〔자성공〕는 의미입니다. 공불이색은 이 세상에 존재하는 것은 실체가 없다고는 하지만, 우리들은 눈에 보이는 현상을 통해서만 그 실체가 보이지 않는다는 것을 알 수 있기 때문에, 현상은 불변하는 것이라고 가정하여 생각할 수밖에 없다는 것입니다. 따라서 존재하는 모든 것은 '색즉시공 공즉시색'입니다. '색즉시공 공즉시색'이란 눈에 보이는 현상〔색〕 그 자체에는 실체가 없고〔공〕, 실체가 없는 것〔공〕이 바로 눈에 보이는 현상〔색〕 그 자체라는 의미입니다. 따라서 둘〔공과 색〕은 다른 것이 아닙니다. 이것을 '이공소현진여(二空所顯眞如)'라고 합니다. 그러므로 연기적 존재인 의타기성과 진여, 열반인 원성실성은 다르지 않습니다. 그래서 게송에서 의타기성과 원성실성은 '다르지 않다〔不異〕'고 하였던 것입니다.

중국 법상종에서는 이러한 변계소집성, 의타기성, 원성실성의 관계를 뱀과 새끼줄로 비유하여 설명합니다. 우리들이 어두운 밤길을 가다 보면 새끼줄을 보고 뱀으로 착각하기 쉽습니다. 그러나 자세히 살펴보면 뱀이 아니고 새끼줄이라는 것을 알게 됩니다. 여기서 뱀은 결코 존재하지 않는 변계소집성이고, 새끼줄은 의타기성이고, 새끼줄도 뱀도 존재하는 것이 아니라 마음의 영상에 지나지 않는다고 깨닫는 것이 원성실성입니다. 그래서 변계소집성을 전혀 존재하지 않는다고 하여 도무(都無)라고 하였고, 의타기성을 임시적으로 존재한다고 하여 가유(假有)라고 하였으며, 원성실성을 실재한다고 하여 실유(實有)라고 하였습니다.

이처럼 세 개의 범주〔삼성설〕를 세우는 것은 유식학파의 독자적인 사상이라고 할 수 있습니다. 용수보살이 창시한 중관학파는 이제설(二諦說), 즉 승의제(勝義諦)와 세속제(世俗諦)를 설하면서 언어〔변계소집성〕와 현상계〔의타기성〕를 구별하려고 하지 않았습니다. 중관학파는 변계소집성과 의타기성을 세속제(世俗諦) 속에 일괄적으로 처리하려는 경향이 있습니다. 따라서 삼성설은 유식사상의 독창적인 것이라고 할 것입니다.

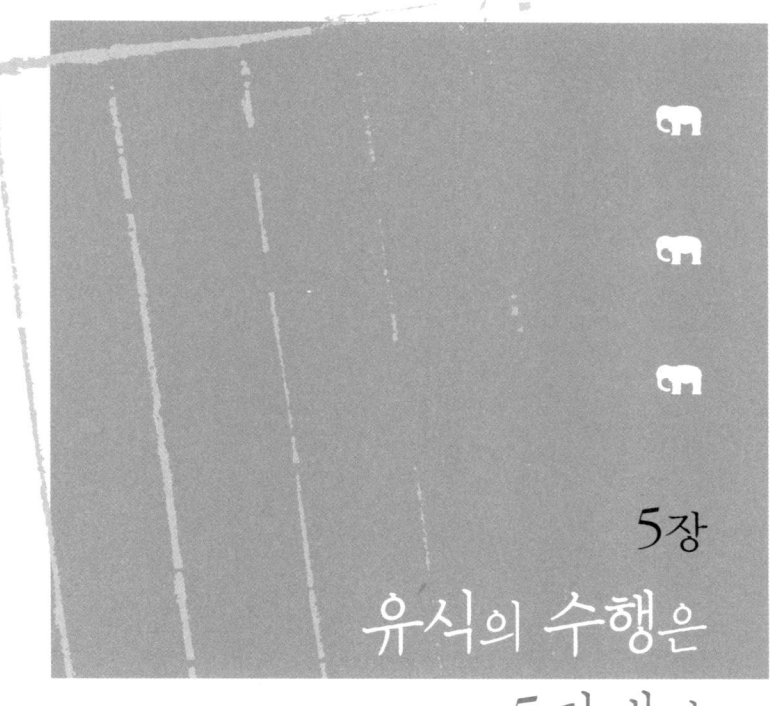

5장
유식의 수행은 5단계다

1 수행은 헤아릴 수 없는 시간이 필요하다

깨달음을 얻는 방법에는 이론과 실천의 두 가지 방법을 겸비해야 가능합니다. 그래서 용수보살은 '지목행족으로 청량지에 이른다.'고 하였던 것입니다. 지목(智目)이란 지혜로울 지(智), 눈 목(目) 자로 '눈으로 안다', 즉 지식[이론]이라는 뜻입니다. 행족(行足)이란 갈 행(行), 발 족(足) 자이기 때문에 '발로 간다', 즉 실천을 뜻합니다. 청량지(淸涼池)란 맑을 청(淸), 서늘할 량(涼), 연못 지(池) 자로 청정하고 서늘한 연못, 곧 열반[깨달음의 세계]을 상징합니다. 인도는 더운 나라이기 때문에 서늘한 곳을 열반의 세계로 상징적으로 표현합니다. 다시 말해 용수보살은 깨달음을 얻기 위해서는 이론과 실천〔지목행족〕을 겸비해야 열반〔깨달음〕에 이를 수 있다고 하는 것입니다.

부처님이 체험한 진리는 오늘날 우리에게 언어로 남겨져 있습니다. 이 언어로 남겨진 부처님의 가르침, 즉 진리를 여러 가지 방법으로 습득하고 익히는 것이 이론이라고 한다면, 그 가르침〔진리〕을 몸소 실천해 보는 것이 수행론이라고 할 수 있을 것입니다. 유식에서는 부처님의 가르침을 몸소 실천해 보는 것을 '5위〔수행〕'라고 합니다.

그런데 대승불교에서는 수행의 방법론에서 의견의 차이를 보입니다. 불교의 중국적 전개라고 할 수 있는 선종에서는 모든 중생은 여래가 될 수 있는 씨앗〔가능성〕을 가졌다는 여래장사상에 기초하여 일체중생 실유불성(一切衆生 悉有佛性)을 강조합니다. 결국 깨달음의 씨앗〔불성〕은 누구나 본래부터 가지고 있으므로 그 가능성을 깨우치게 하면 된다는 것입니다. 그래서 선종에서는 깨달음을 얻는 방법으로 돈오돈수의 방법을 중시하였습니다.

한편 인도 대승불교의 적통이라고 할 수 있는 중관과 유식의 수행론은 점차적인 방법입니다. 이 방법은 인간의 소질이나 능력, 그리고 개인의 노력을 강조하는 방법으로, 수행을 쌓은 사람만이 진리를 획득할 수 있다는 능력주의라고 할 것입니다. 유식에서는 수행의 단계를 다섯 가지, 즉 자량위·가행위·통달위·수습위·구경위로 나누어 설명합니다. 위란 자리 위(位) 자로 '단계'를 의미합니다.

그런데 다섯 가지의 수행 단계를 실천하기 위해서는 헤아릴 수 없이 많은 시간이 필요하다고 합니다. 먼저 자량위·가행위를 수행하기 위해서는 일대아승지겁(一大阿僧祇劫)이 필요하고, 통달위·수습위의 제7지까지도 일대아승지겁, 또한 수습위의 제8지에서 10지까지도 일대아승지겁이 필요하다고 합니다. 결국 5단계의 수행을 완성하기 위해서는 3아승지겁이 필요한 것입니다.

아승지(阿僧祇)란 범어 '아상키야(asaṃkhyā)'의 음역인데, 한역으로는 무수(無數), 무량수(無量數) 즉 셀 수 없는 단위를 상징적으로 나타낸 말입니다. 겁(劫)이란 겁파(劫簸)의 줄인 말입니다. 그리고 겁파란 범어 '칼파(kalpa)'의 음역으로, 시간의 길이를 나타낸 말입니다. 인도에서 1겁이란 넓이와 높이가 40리(또는 800리) 되는 바위산을 100년에 한 번 천녀가 내려와 자기 옷으로 쓰다듬어 이 바위산이 전부 마멸되는 기간이라고 비유적으로 설명합니다. 또한 불교경전에서는 1겁을 높이와 둘레가 1유순[대략 8km]인 철로 둘러싸인 성에 겨자를 넣고 100년에 한 번 한 알씩 건져내어 전부 없어지는 시간이라고 기록하고 있습니다. 그래서 아승지겁을 한역에서는 무량겁(無量劫)이라고 번역하였습니다. 이처럼 유식에서는 깨달음을 얻기 위해서는 헤아릴 수 없는 시간, 즉 3아승지겁이 필요하다고 합니다.

2 깨달음은 5단계의 수행이 필요하다

■ **자량위(資糧位)**

자량위란 직역하면 자신의 신체를 도와주는(資) 양식(糧)의 단계(位)를 뜻합니다. 보다 자세하게 말하면 깨달음을 얻기 위해 도움이 되는 양식(糧)을 자기 자신 속에 심어가는 수행의 준비단계를 말합니다.

그런데 수행의 첫 번째 단계는 유식의 진리를 믿는 것입니다. 유식의 진리를 깊게 믿는 원인으로 크게 네 가지가 있습니다.

첫째, 인력(因力)입니다. 이 힘은 바로 자신의 힘입니다. 우리들이 무언가를 하고자 한다면 자신의 힘이 반드시 필요합니다. 수행도 마찬가지입니다. 자기가 하고자 하는 의지의 힘이 반드시 필요합니다. 결국 아뢰야식에 자신의 소질·능력·경험인 종자를 축적하여 힘을 키우는 것입니다.

둘째, 선우력(善友力)입니다. 즉 좋은 벗[부처나 법우]을 만나는 것입니다. 우리들이 수행이나 부처님 공부를 할 때, 선지식이나 도반이 곁에서 도와주면 혼자서 하는 것보다 공부나 수행이 훨씬 빨리 진전됩니다. 그래서 수행이나 불교공부는 반드시 좋은 선지식이나 도반이 필요한 것입니다. 사회생활도 좋은 상사나 벗이 있으면 훨씬 삶이 풍요로워집니다. 그러면 부처님이 말하는 좋은 벗[善友]이란 어떤 조건을 갖춘 벗일까요? 함께 술 먹는 벗, 함께 놀아주는 벗, 돈을 벌게 해 주는 벗일까요? 도대체 좋은 벗이란 어떤 벗일까요?

셋째, 작의력(作意力)입니다. 작의력이란 마음이 한 대상으로 향하여 집중해서 움직이는 힘을 말합니다. 무슨 일을 하든지 적극적으로 움직이지 않으면 힘은 생기지 않습니다. 즉 적극적으로 유식의 진리를 사고하고 그것을 믿는 것이 작의력입니다.

넷째, 자량력(資糧力)입니다. 복덕이나 지덕의 다양한 수행의 힘을 말합니다.

이와 같이 자량위는 네 가지의 믿는 마음이 필요하다고 합니다.

그렇다면 자량위에서 닦아야 할 수행으로는 구체적으로 어떤 것이 있을까요? 주석서에서는 지혜자량(智慧資糧)과 복덕자량(福德資糧)을 닦아야 한다고 하였습니다. 지혜자량은 지적인 측면의 자량으로 예를 들면 경전에 담긴 부처님의 말씀을 읽는다든지 논서를 깊이 있게 연구하는 것입니다. 반면 복덕자량은 지혜자량을 제외한 나머지를 말합니다. 이와 같이 지혜와 복덕을 열심히 닦아 해탈을 구하기 때문에 자량위를 해탈에로의 방향이 정해진 단계라는 의미에서 순해탈분(順解脫分)이라고도 합니다.

■ 가행위(加行位)

가행위란 수행을 더해[加] 가는[行] 단계[位]를 말합니다.

능취〔주관〕와 소취〔객관〕를 구별하는 단계에서 벗어났지만, 다시 말해 대상〔객관〕이 존재하지 않고 오직 식뿐〔唯識〕이라고 인식하였더라도 지금까지 배운 지식에 의해 대상이 존재한다고 이해하거나 또는 관념적 생각에 의해 대상을 세운다면 유식성〔유식의 진리〕에 머물 수 없습니다. 단지 유식성이라고 착각한다는 것입니다. 이런 생각〔언어, 가치관 등〕이 계속 남아 있기 때문에 유식성에 머물 수 없는 단계가 가행위입니다.

그런데 『성유식론』에서는 가행위를 네 개의 선을 생기게 하는 힘〔四善根〕, 즉 난위(煖位)・정위(頂位)・인위(忍位)・세제일법위(世第一法位)로 나누어 설명합니다.

난위란 소취, 즉 대상이 존재하지 않는다는 것을 관찰한 단계를 말합니다. 난은 '따뜻하다'는 의미로, 불을 피우기 위해 나무와 나무를 문지르면 마찰에 의해 불이 피어나게 되는데, 마찰력에 의해 불이 일어나기 직전의 따뜻한 기운의 상태를 말합니다. 이처럼 번뇌를 태우는 불이 생기기 전에 접촉하는 선근을 '난'이라고 비유적으로 표현한 것입니다. 그리고 위(位)는 단계라는 뜻입니다. 이 단계에서 공이라는 진리를 체득하는 지혜가 처음으로 작용합니다.

정위는 난위가 높아진 단계를 말합니다. 이 단계는 관찰한 단계가 최고 정상에 이른 상태이기 때문에 정위라고 합니다. 그리고 난위와 정위를 합쳐서 '사심사관(四尋思觀)'이라고 합니다.

인위란 소취가 존재하지 않는다는 것을 확실하게 이해하고, 계속해서 능취도 무(無)라고 이해하는 단계입니다. 인(忍)이란 '인식하다'의 의미이기 때문에 진리(공, 무아)를 인식하는 지혜가 강해지는 단계입니다.

세제일법위란 소취〔대상〕는 물론 능취〔인식〕도 공이라고 명확하게 이해하는 단계입니다. 그리고 시간적으로 간격도 없이 견도에 들어가는 단계입니다. '세제일법위'라는 명칭이 붙은 것은 세간〔중생〕의 단계에서는 최고이기 때문입니다. 그리고 인위와 세제일법위를 합쳐서 '사여실지(四如實智)'라고 합니다.

가행위에서 구체적으로 수행하는 관찰의 내용은 '사심사', '사여실지'입니다. 이 중에서 사심사는 명(名), 의(義), 자성(自性), 차별(差別)을 관찰하는 것입니다. 명이란 명언(名言), 즉 이름이나 명칭을 말합니다. 의란 언어에 의해 나타나는 책이나 컴퓨터 등의 대상을 말합니다. 자성이란 모든 것은 각각 특성을 가지고 있다는 것을 말합니다. 그리고 차별은 다른 것과의 차이를 말합니다. 예를 들면 책에는 두꺼운 책도 있고 얇은 책도 있고 소설책도 있고 전공도서도 있듯이, 각각 차별이 있다는 것입니다. 그러나 여기에 이름이나 대상, 그것만의 특성, 다른 것과의 차이는 실재하지 않습니다. 결국 이것들을 가유실무라고 관찰하는 것이 '사심사'이고, 이것들을 더욱 깊게 수행하여 확실하게 결정하는 것을 '사여실지'라고 합니다.

■ 통달위(通達位)

통달위란 글자 그대로 통할 통(通), 다다를 달(達), 즉 목적지[깨달음]의 입구에 도달했다는 뜻입니다. 인식작용[마음]이 인식대상을 보거나 인식하거나 집착하지 않을 때, 다시 말해 여실하게 대상은 존재하지 않으며 오직 마음[식]뿐이라고 체득하는 단계가 통달위입니다. 왜냐하면 인식대상이 있을 때는 인식작용도 있지만 인식대상이 없을 때 그 인식대상을 인식하는 주체[인식작용]도 없기 때문입니다. 이처럼 통달위는 공, 무상, 무아의 진실과 일체가 되는 단계입니다.

세친보살의 『유식삼십송』에는 통달위를 '대상에 대해서 지혜는 전혀 얻은 바가 없는 것〔智都無所得〕'이며, 동시에 '유식에 머무는 것〔住唯識〕'이라고 하였습니다. 그리고 소취와 능취의 분리를 여의고 얻는 바가 없는〔무소득〕 단계에 들어가는 순간을 통달위 또는 견도(見道)라고 하였습니다. 견도라는 것은 진리나 진실을 본다는 의미입니다. 즉 중생이 깨달음의 세계로 들어가는 순간을 말합니다.

주석서에서는 견도를 진견도(眞見道)와 상견도(相見道)로 나눕니다. 진견도는 '근본무분별지'의 활동으로 진리와 지혜가 일체가 되는 단계인 반면 상견도는 '후득지'의 활동을 말합니다. 그리고 후득지란 근본무분별지 뒤에 일어나는 지혜를 말합니다.

■ 수습위(修習位)

수습위란 닦을 수(修), 익힐 습(習), 자리 위(位) 자이기 때문에 '반복해서 닦는 단계'라는 뜻입니다. 특히 깨달음의 장애인 번뇌장과 소지장에서 벗어난 단계입니다. 『성유식론』에는 수습위의 단계에서 수행할 수도에 대해 상세하게 기술하고 있습니다. 즉 '십지(十地) 중에서 열 가지의 뛰어난 수행[十勝行]을 닦아 열 가지의 무거운 장애를 끊고[十重障] 열 가지의 진여[十眞如]를 깨닫는다.'고 하여, 깨달음의 단계를 십지, 십승행, 십중장, 십진여로 나누어 자세하게 설명하고 있습니다. 이것들[십지, 십승행, 십중장, 십진여]에 대한 자세한 설명은 『유식삼십송과 유식불교』(김명우, 2009)를 참조하시기 바랍니다.

■ 구경위(究竟位)

구경위란 궁구할 구(究), 다할 경(竟), 자리 위(位), 즉 '궁극의 단계에 이르다'는 뜻으로, 이른바 언어로 표현할 수 없는 부처님의 경지[단계]에 도달했다는 것입니다. 다시 말해 번뇌장과 소지장을 끊어 열반과 보리를 얻었다는 것입니다.

이처럼 유식에서는 5단계를 거쳐야 깨달음을 얻을 수 있다고 합니다. 그런데 유식에서는 부처님의 지혜, 즉 불지를 획득하기 위해서는 여덟 가지의 식을 전(轉)하여 네 가지의 지(智)를 획득하는 것[轉識得智]이라고 하였습니다. 즉 전오식은 성소작지, 의식은 묘관찰지, 말나식은 평등성지, 아뢰야식은 대원경지를 얻는다고 합니다.

성소작지(成所作智)란 '해야만 할 것을 성취하는 지'라는 뜻으로 부처가 된다면 전오식이 전하여 성소작지가 된다는 것입니다. 그렇다면 무엇을 해야만 하는 것인가? 바로 지금 괴로워하고 있는 사람들을 구하는 이타행입니다. 다시 말해 자신을 위해 전오식을 사용하는 것이 아니라 괴로워하는 중생을 위해 이타행을 실천하는 것입니다.

우리들의 전오식은 다섯 가지의 감각기관을 바탕으로 오로지 자기를 위해 작용합니다. 즉 눈[안식]은 아름다운 것이나 예쁜 것에, 귀[이식]는 아름다운 소리, 코[비식]는 좋은 향기, 혀[설식]는 맛있는 것, 촉[신식]은 기분 좋은 감촉에 마음이 이끌립니다. 불교신자들에게 '행복할 때가 언제입니까'라고 질문하면 대부분이 음악, 그림, 영화, 아름다운 꽃, 등산 등을 하거나 볼 때 행복을 느낀다고 대답합니다. 다시 말해 우리들은 자기의 오감이 즐겁거나 만족

할 때 행복을 느낍니다. 오로지 자기의 오감이 즐거우면 행복한 것입니다. 이 오감을 자신만을 위하지 말고 타인을 위해 사용하라는 것입니다. 이처럼 오감이 전하여(전식) 다른 사람을 위해 사용하여 지혜를 얻는다(득지)는 결국 중생을 위하여 자기의 오식을 사용하면 깨달음을 얻는다는 것입니다.

묘관찰지(妙觀察智)란 '의식이 전하여 오묘하게 관찰하는 지혜'라는 뜻입니다. 여기서 오묘하게 관찰한다는 것은 사실을 사실 그대로(여실지견) 관찰하는 지혜를 말합니다. 여실지견하게 대상을 관찰하면, 대상의 본질이 보이는 것입니다. 다시 말해 잘못된 견해인 '상락아정(常樂我淨)'을 진실한 견해인 '무상(無常)·고(苦)·무아(無我)·부정(不淨)'으로 보는 것입니다.

평등성지(平等性智)란 '말나식을 변화시켜 성취한 지혜'로, 자타뿐만 아니라 존재하는 모든 것을 평등하게 보는 지혜를 말합니다. 우리들은 자신과 타인, 남자와 여자 등을 구별하여 차별하고 그리고 지배하는 존재입니다. 평등성지는 이런 차별하는 세계를 벗어난 지혜입니다.

대원경지(大圓鏡智)는 아뢰야식이 변화하여 얻은 지혜

로, '크고 원만한 거울과 같은 지혜'라는 뜻입니다. 즉 대원경지란 마음(아뢰야식) 속에 있는 아집과 법집, 번뇌장과 소지장과 같은 모든 번뇌를 깨끗하게 제거한 상태를 말합니다.

나오는 말

우리들이 사는 목적은 무엇일까요? 아마도 인생의 목적은 행복에 있다고 할 것입니다. 그렇다면 부처님은 어떤 행복을 추구하였을까요? 잠시 경전을 인용해 보겠습니다.

악마 파피만이,

"자식이 있는 사람은 자식으로부터 기쁨을 얻고, 소(재산)가 있는 사람은 소로부터 기쁨을 얻는다. 인간의 애착을 유지시켜 주는 것은 기쁨이고, 애착이나 집착이 없는 사람은 기쁨조차도 없다."

라고 하였습니다. 다시 말해 악마 파피만은 인간의 행복과 불행은 상대가 있어야 한다는 것입니다.

그러자 부처님은,

"자식이 있는 사람은 자식 때문에 걱정이 있고, 목동은 소 때문에 걱정이 있다. 인간의 집착이나 애욕을 지탱시켜 주는 것은 걱정이고, 집착이 없는 사람은 걱정조차도 없다."
(『숫타니파타』, 다니야경, 16-17)

고 하였습니다. 악마 파피만이 말하는 행복이나 불행은 반드시 뭔가에 대한 대상이 존재하는 행복이고 불행입니다. 다시 말해 상황에 따라 좌우되는 상대적인 행복이나 불행이라고 할 수 있습니다. 자식이 건강하고 공부 잘하면 행복한 것이고, 나의 소중한 재산인 소가 병들지 않으면 행복하다는 것입니다. 그리고 그 반대가 되면 불행하다는 것입니다. 결국 애착이 충족 되었는가 아닌가에 따라 행복과 불행을 나누는 것입니다. 이처럼 악마 파피만은 상대나 대상에 따라 웃고 우는 바로 내 자신을 상징적으로 표현한 것이라고 할 수 있습니다.

그러나 부처님은 대상으로 향하는 일체의 집착이나 애착을 끊었습니다. 다시 말해 부처님은 상대나 상황에 따라 좌우되는 상대적인 행복이 아니라 절대적 행복을 추구하였던 것입니다. 상대[자식]나 대상[재산]에 집착하거나 탐욕을 내지 않는 행복, 결국 번뇌가 완전히 사라진 열반을 추구하였던 것입니다.

우리들 역시 부처님 법대로 살고자 한다면 '부처님과 같이' 이런 행복을 추구해야 하지 않을까요!

부처님과 같은 이런 행복을 추구하려면 도대체 무엇을 어떻게 해야 할까요? 결국 행복을 얻기 위해서는 마음공부가 바로 지름길입니다. 지금까지 여러분들은 저와 함께 마음공부에 동행하면서, 마음과 마음의 작용에 대해 구체적으로 살펴보았습니다. 이제 마음과 마음의 작용들에 대해 수행을 하면서 하나하나 점검해 보시기 바랍니다. 그리고 마음의 점검을 통해 부처님과 같은 행복을 체험하시기를 간절히 기원합니다.

나마스테(namaste).

인용 및 참고문헌(가나다순)

「반야바라밀다심경(般若波羅蜜多心經)」, 다카가미 가꾸쇼오 지음, 김명우 편역, 빛과 글, 2002.
「범어로 반야심경을 해설하다」, 김명우 지음, 민족사, 2010.
「왕초보 반야심경박사 되다」, 김명우 지음, 민족사, 2011.
「유식불교, 유식이십론을 읽다」, 효도 가즈오 지음, 김명우·이상우 공역, 예문서원, 2011.
「유식삼십송과 유식불교」, 김명우 지음, 예문서원, 2009.
「유식의 삼성설연구」, 김명우 지음, 한국학술정보, 2008.